In Wahrheit ich

BOOKS on DEMAND

„Eure Zeit ist begrenzt, also verschwendet sie nicht, das Leben eines anderen zu leben. Lasst euch nicht von Dogmen gefangen nehmen – davon, so zu leben, wie andere Menschen denken. Lasst den Lärm anderer Meinungen nicht eure eigene innere Stimme übertönen. Und, am wichtigsten, habt den Mut, eurem Herzen und eurer Intuition zu folgen. Die wissen, was ihr wirklich wollt, alles andere ist sekundär."

Steve Jobs (1955-2011)

Dirk Stegner

In Wahrheit ich

Wie die Sichtweisen anderer
mein Leben bestimm(t)en.

Dieses Buch gibt an einigen Textstellen eine Anleitung zur Selbstreflexion und Selbsthilfe. Diese soll und kann jedoch im Zweifelsfalle, oder bei vorliegender Erkrankung, eine fachkundige, medizinische Diagnose und Behandlung durch einen Arzt, Psychologen oder Heilpraktiker keinesfalls ersetzen.

Seitens des Autors und des Verlags wird daher eine Haftung für eventuelle Schäden jedweder Art ausdrücklich ausgeschlossen.

Bibliografische Information der Deutschen Nationalbibliothek:
Die Deutsche Nationalbibliothek verzeichnet diese Publikation in der Deutschen Nationalbibliografie; detaillierte bibliografische Daten sind im Internet über http://dnb.dnb.de abrufbar.

© 2018 Dirk Stegner

Titelgrafik: © Dirk Stegner – www.der-natur-coach.de
Herstellung und Verlag: BoD – Books on Demand, Norderstedt

ISBN: 978-3-7460-9848-7

Vorwort

Manchmal hab ich's einfach satt, kann ich Ihnen sagen. Ich habe es satt, dass sich Menschen ungefragt in mein Leben einmischen. Jeder scheint plötzlich der Meinung zu sein, besser zu wissen, was gut für mich sein könnte, als ich selbst. Dabei war ich neulich doch einfach nur so begeistert von meiner neuen Projektidee, dass ich sie unbedingt ein paar guten Bekannten erläutern wollte. Selbst schuld, könnte man sagen, aber es sprudelte vor lauter Begeisterung einfach nur so aus mir heraus.

Ein gewaltiger Fehler, wie sich sofort herausstellen sollte. Statt, wie erwartet meine Euphorie zu teilen, hatten die Zuhörer meine Gesprächigkeit über dieses Thema komplett missverstanden. Ehe ich mich versah, war ich plötzlich Teil einer „soll ich oder soll ich nicht" - Abstimmung geworden. Ich fühlte mich wie ein unfreiwilliger Teilnehmer einer dieser Casting-Shows, in der Juroren über meine Idee diskutierten, diese bewerteten und letztendlich grünes Licht gaben, oder eben nicht. Statt ermutigende Worte, hatte ich nun einen ganzen Sack voller Ängste und Zweifel über meiner Schulter hängen. Fremde Ängste und fremde Zweifel.

Ganz bestimmt kennen Sie auch Situationen wie diese. Tagtäglich begegnen sie uns. Menschen, die es sich scheinbar zur Aufgabe gemacht haben, einen auf die eine oder andere Weise bekehren zu wollen. Meist in völlig harmloser und gut gemeinter Absicht, egal ob es sich um vegane Ernährung oder um die Erziehung des eigenen Hundes handelt. Man ertappt sich ja oft selbst dabei, spontan zum Richter in fremder Sache zu werden. Zum Beispiel, wenn es nach dem Telefonat mit der Autowerkstatt heißt „bitte bleiben Sie in der Leitung, zur Verbesserung unseres Service sind wir an Ihrer Meinung interessiert". Auch via Internet bin ich mittlerweile - sozialer Medien sei Dank - einem regelrechten Bombardement von fremden Meinungen und Bewertungen ausgesetzt. Kaum habe ich ein paar Urlaubsbilder gepostet, schon diskutieren einige Personen darüber, ob ich es mir überhaupt schon verdient hätte, in dieses Südseeparadies fliegen zu dürfen. Schließlich ist das ja schon der zweite Urlaub in diesem Jahrzehnt.

Es ist schon verwunderlich, wie sehr man sich doch immer wieder davon beeinflussen lässt, was andere für das einzig Wahre halten. Dabei gibt man sich doch solche Mühe, genau das nicht zu tun. Versucht sich seine eigenen Gedanken zu machen und die Situation möglichst ohne Einwirkung durch andere einzuschätzen. Und dennoch erliegt man oft der Versuchung, sich der vorherrschenden Meinung anzuschließen. Schon rein sicherheitshalber, und bequemer ist es obendrein, denn wenn so viele Menschen eine bestimmte Ansicht vertreten, kann die ja eigentlich nicht so falsch sein. Oder vielleicht doch?

Wie schön wäre es da, wenn ich mich in solchen Momenten der Unsicherheit und des Zweifelns auf so etwas, wie eine innere Stimme verlassen könnte. Eine Stimme, die mir auf ihre ganz eigene Weise mitteilt, was der richtige Weg oder die sinnvollste Entscheidung für mich wäre. Ich wünschte nur, ich könnte sie besser verstehen, vielleicht sogar so eine Art Dialog mit ihr führen. Ihr alle meine Fragen stellen und prompt auch konkrete Antworten darauf erhalten. Ob das wohl geht? Und was würde mir diese Stimme dann über mich erzählen?

Coburg, im Januar 2018

11. Januar 2018

Ein trister, nebliger Januartag. Es ist Donnerstag und die Woche schon wieder fast um. Das neue Jahr fängt genauso hektisch an, wie das Alte aufgehört hat. Und dabei dachte ich noch, dass ich es dieses Jahr einfach mal ruhiger angehen lasse, nicht so hektisch. Fast ärgere ich mich ein wenig über mich selbst. Warum lasse ich mich aber auch immer wieder anstecken von diesem Druck. Nach den Weihnachtsferien scheint jeder der Ansicht zu sein, unbedingt gleich wieder an das Leistungsniveau aus dem alten Jahr anknüpfen zu müssen.

Ich sitze an meinem Schreibtisch am Fenster. Während ich diese Zeilen schreibe, herrscht auf der Straße reger Feierabendverkehr. Menschen hasten über die Gehsteige, schneller als es für sie gut zu sein scheint. Jedenfalls machen sie einen müden, genervten und fast schon gequälten Eindruck. Die Feiertage sind scheinbar nicht an allen spurlos vorübergegangen. Mir schießt ein Gedanke in den Kopf. Wenn ich jetzt einen von ihnen fragen würde, warum er sich ein solches Leben, welches ihn offensichtlich nicht glücklich macht, tagtäglich antut, so würde ich vermutlich nur einen verächtlichen Blick auf diese scheinbar rhetorische Frage ernten. „Ohne Geld kann man sich eben die Sachen nicht kaufen, die einem Spaß machen", würden die meisten vermutlich antworten. Wohnung, Auto, Kinder, Schule, dies alles muss ja irgendwie bezahlt werden. Und etwas Luxus will man sich schließlich auch noch gönnen, irgendwann dann, zwischen all der Hektik. Dafür kann man das kleine bisschen Unzufriedenheit schon mal hinnehmen. Ohne Fleiß eben kein Preis und ehrliche Arbeit hat ja bekanntlich auch noch niemandem geschadet.

Verdammt.

Was ist, warum haderst Du so mit Dir?

Das kann ich Dir sagen. Ich arbeite jetzt schon seit Jahren daran, mich und mein Leben zu ändern. Du weißt, mir ging es viele Jahre echt bescheiden. Nachdem ich lange genug so „vor mich hingelitten" hatte, kapierte ich endlich, dass ich mich ändern muss, um auch mein Leben zu verbessern.

Ja und?

Naja, ich habe so ziemlich alles umgekrempelt. Kaum ein Stein blieb auf dem anderen. Auch Dinge, die ich selbst nie für möglich gehalten hätte. Mit dem Ergebnis, dass langsam vieles in meinem Leben richtig Sinn ergibt und Spaß macht. Und trotzdem zucke ich immer noch zusammen.

Bei was zuckst Du zusammen?

Ich merke, dass dieses „ohne-Fleiß-kein-Preis-Gelaber" mich immer noch wütend macht. Dabei sollte ich doch längst darüber stehen und einfach nur weise lächeln. Aber ich kann's nicht.

Versteh ich nicht? Warum macht es Dich wütend?

Weil es genau solche Phrasen sind, die Menschen dazu bringen, Dinge zu tun, die sie eigentlich gar nicht wirklich wollen. Zumindest mir ging es so. Es war so ein Rädchen, an dem viele einfach drehen konnten und ich habe dann so funktioniert, wie sie es sich erhofften. Ich wollte nicht in den Verdacht geraten, faul zu sein und meinen Eltern oder der Gesellschaft irgendwie auf der Tasche zu liegen. Also ackerte ich los. Ich wollte, dass die

Welt da draußen irgendwie stolz auf mich ist.

Verstehe ...

Gar nichts verstehst Du, sonst hättest Du ja nicht gefragt, was mich angesichts solcher Lebensweisheiten so auf die Palme bringt!

Na, dann klär mich doch bitte mal auf.

Solche Phrasen bringen Menschen, die dafür empfänglich sind eben dazu, Sachen zu machen, die sie selber sonst nicht tun würden. Es funktioniert einerseits so wie ein schlechtes Gewissen. Kennst Du diese kleinen Engel- und Teufelchen aus den Zeichentrickfilmen unserer Kindheit? Genau so ein „Teufelchen" ist es, welches Dir einredet, es würde Dir die Anerkennung der Menschen in Deinem Umfeld sichern. Und genau das ist es ja, was Du willst. Auf der anderen Seite ist dann der mentale und finanzielle Schulterklopfer. Was soll ich sagen, es ist halt einfach ein gutes Gefühl, wenn andere einen schätzen und mögen. Wir Menschen neigen eben dazu, uns erst richtig gut zu fühlen, wenn unsere Umgebung uns das auch zeigt. Zum Beispiel in Form von Lob, Liebe oder Lohn.

Stimmt. Du kannst Dich ja schlecht selber loben, denn wie heißt es so schön: „Eigenlob stinkt".

Jetzt fängst Du auch noch damit an. Ich meine, was mich so wütend macht ist eigentlich nur, dass ich für mich doch längst erkannt habe, dass es nicht auf das ankommt, was andere von mir halten. Aber trotzdem spüre ich selbst nach all den Jahren noch den kleinen Pieks dieses Angelhakens, der mich geschickt in die gewünschte Richtung ziehen will. Woran liegt das? Warum sind Sätze wie diese so tief in mir verankert?

Schätze, es hat mit Deiner Wahrheit zu tun.

Mit meiner Wahrheit?

Ja, mit Deiner Wahrheit. Lass mich das kurz erläutern. Mit dem Eigenlob zum Beispiel. Was ist Deiner Meinung nach so schlimm daran, wenn man am Ende eines Tages mit sich und selbigem völlig zufrieden ist? Ich kann nichts Verkehrtes daran finden, wenn man sich im Geiste dafür selbst auf die Schulter klopft und sagt: „Junge, das hast Du heute aber gut hinbekommen. Besser hätte es nicht laufen können. Ich bin stolz auf Dich."

Naja gut, ich gebe zu, ich hab's schon probiert. Aber intensiver fühlt sich das Ganze an, wenn auch andere das so sehen und die Bestätigung auch von meinem Umfeld kommt. Ich verstehe aber immer noch nicht, was das mit meiner Wahrheit zu tun hat.

Das Problem mit Deiner Wahrheit ist, dass es eben NUR, oder besser gesagt insbesondere, DEINE Wahrheit ist. Jeder Mensch in Deiner Umgebung hat demzufolge seine eigene Wahrheit.

Ich dachte immer, Wahrheit ist etwas Absolutes, was Objektives. Wahrheit ist Wahrheit, darüber wird ja auch vor Gericht verhandelt. Da geht's um Fakten und um das, was auch andere, also Zeugen eines Vorgangs, gesehen haben. Glaubst Du, man würde diese dazu verpflichten, die Wahrheit sagen zu müssen, wenn die Wahrheit für jeden was anderes wäre?

Naja, lass es mich so formulieren. Was Du wahrnehmen kannst, ist für Dich letzten Endes auch wahr. Du weißt ja, dass die Wahrnehmung von Mensch zu Mensch variieren kann, das brauch ich Dir nicht zu erzählen.

Stimmt. Jeder Mensch empfindet beispielsweise Schmerzen auf unterschiedliche Weise. Der eine ist sehr schmerzempfindlich, der andere extrem schmerzunempfindlich.

*Exakt. Damit gibt es also nicht **die** Wahrheit, sondern nur individuelle Wahrheiten. Das Problem an Deiner Wahrheit ist also, dass es eigentlich gar nicht Deine Wahrheit ist, die Du wahrnimmst, sondern eher eine Mischung aus Deiner eigenen und den Wahrheiten Deiner Eltern, Deines Umfeldes, Deiner Freunde und so weiter.*

Okay, das leuchtet mir ein. Aber was hat das nun mit diesen Redewendungen zu tun?

Es wird in vielen Gesellschaften und Religionen als ehrbar angesehen, hart zu arbeiten. Daraus entstanden eben gewisse Sichtweisen und auch Erfahrungen, die Redewendungen wie „ohne Fleiß kein Preis" entstehen ließen. Wenn Du so willst, handelt es sich dabei um eine kollektive Wahrheit, dass es ohne harte Arbeit auch keinen Erfolg gibt. Mit dieser Wahrheit ist es aber so, wie mit jeder Wahrheit. Sie gilt generell nicht für jeden. Wäre dem so, dann gäbe es nicht einige Menschen, die nur wenig schuften müssen, um ihre Brötchen zu verdienen, während viele andere wie verrückt arbeiten, ohne je auf einen grünen Zweig zu kommen.

Da die meisten davon ausgehen, dass Volksmund auch die Wahrheit kund tut, werden diese Zitate gerne von Eltern übernommen, um ihren Kindern bestimmte Werte zu vermitteln. Auch wenn sie damit nur Gutes beabsichtigen, kann es sein, dass sich solche Wahrheiten dann beim Nachwuchs wie in Deinem Falle „verhaken".

Ja, das kann ich bestätigen. Solche Sprüche wirkten bei mir in etwa wie ein halber Liter Benzin, den man in eine offene Flamme kippt. Ich wollte es damals ja am liebsten allen recht machen, um möglichst viel Anerkennung einzuheimsen. Und so habe ich mir auch noch Stress gemacht, wo eigentlich gar keiner war. Genau wegen Sätzen wie diesem.

Es ist leider so, dass es immer mehr Menschen so ergeht. Im Streben nach Anerkennung, definieren sie sich mehr und mehr über die Summe ihrer „Follower" oder die Anzahl der „Likes", welche sie für einen Beitrag erhalten.

Ich habe auch schon darüber nachgedacht, mich aus diesen sozialen Netzwerken wieder zu verabschieden.

Mich nervt dieses ständige Heruntermachen anderer, aber auch die vielen Gutmenschen, die selbst schon nach einem kleinen Regenschauer den Opfern ihr Beileid bekunden müssen. Schrecklich ...

16. Januar 2018

Bist Du noch da?

Natürlich.

Ich habe die letzten Tage über unser Gespräch von letzter Woche nachgedacht. Ganz ehrlich, es hat mir schon etwas Kopfschmerzen bereitet. Insbesondere die Frage, wie ich das jemals völlig aus mir rausbekommen kann, also die Wahrheit der anderen meine ich. Wie soll das gehen?

Es ist gar nicht notwendig, das zu tun.

Was meinst Du damit? Natürlich ist das notwendig. Wenn die Wahrheit anderer meine eigene überlagert und deshalb dazu führt, dass ich mich und mein Leben vielleicht anders wahrnehme, als ich es ohne diesen verzerrenden Effekt vielleicht täte, dann finde ich schon, dass das notwendig ist.

Du hast mich falsch verstanden. Ich meine, es ist nicht notwendig, es „aus Dir herauszubekommen", weil es gar nicht „in Dir drin" ist.

Du verwirrst mich.

Wow, schön dass mir das nach all den Jahren immer noch so einfach gelingt. Es ist ein weit verbreiteter Irrglaube, dass die Wahrheiten der anderen in Dir stecken. Es ist vielmehr so, dass sie Dich umgeben wie das Wasser den Fisch, in dem er schwimmt. Womit wir wieder bei Deinem Angelhakenbeispiel wären.

Du bist ja nicht alleine auf dem Planeten und speziell hier in Deutschland sitzen die Menschen in den meisten Städten relativ dicht aufeinander. Das führt natürlich auch dazu, dass viele denken es stünde ihnen zu, zu allem und jedem ihren Senf hinzugeben zu dürfen. Auch wenn es sie theoretisch gar nichts angeht. Statt sich mit ihren eigenen Pro-

blemen auseinanderzusetzen, ist es für sie viel einfacher, die der anderen um sie herum zu analysieren. Es ist leichter, wenn der andere sich ändert, damit man selbst möglichst nichts verändern muss. Verstehst Du was ich meine?

Ja, denke schon.

Es ist wesentlich bequemer, wenn man anderen sagt, was sie in ihrem Leben besser machen können, anstatt selber in sich zu gehen und zu überlegen, was man selbst dazu beitragen könnte, um entspannter und glücklicher innerhalb des sozialen Gefüges miteinander leben zu können.

Auf diese Weise entsteht, um es bildlich zu sagen, ein riesiges Meer voller Überzeugungen und subjektiver Wahrheiten, welches Dich und auch jeden anderen Menschen umgibt. Es ist also nicht „in Dir drin", sondern „um Dich herum".

Okay, sicherlich ein Riesenunterschied.

Deinem Gesichtsausdruck entnehme ich, dass Du denkst, ich würde hier irgendwelche Wortklaubereien betreiben. Aber dieser kleine Unterschied ist immens wichtig. Wären die Wahrheiten der anderen „in Dir", hättest Du ein riesiges Problem. Du müsstest die Wahrheiten anderer leben.

Oh, ich glaube ich verstehe langsam, worauf Du hinaus willst.

Genau. Es geht in diesem großen Karpfenteich immer nur um Dich. Oder mit anderen Worten, es ist völlig egal wer hier hineingepinkelt hat. Die Frage ist doch, wie konzentriert das ganze bei Dir ankommt, also wie Du es wahrnimmst.

Bevor unser Vergleich zu unappetitlich wird, lass uns lieber wieder zu unseren Wahrheiten zurückkehren. Unheimlich viele dieser Wahrheiten umgeben Dich also tagein und tagaus. Das ist völlig normal. Aber wie konzentriert können die Wahrheiten der anderen Dich erreichen und in welcher Frequenz?

Leider immer schneller, Handy und Internet sei Dank.

Es gab sicherlich noch kein Zeitalter der Erdgeschichte, in dem die Informationsflut, die jeden Deiner Zeitgenossen im Laufe eines Tages umströmt, so konzentriert war, wie es heute der Fall ist. Bereits die Jugend im Schulalter beantwortet zwischen einhundertzwanzig und zweihundert E-Mails, beziehungsweise Kurznachrichten, pro Tag. Ein Pensum, das Du selbst zum Höhepunkt Deiner Informatikerkariere nicht hast leisten müssen.

Das stimmt.

Und das ist nur der aktive Part. Passiv strömen ja noch viel mehr Informationen und damit fremde Wahrheiten auf Dich und Deinesgleichen ein. Alle wetteifern um Deine Aufmerksamkeit. Dein Unterbewusstsein pickt sich davon immer automatisch die für Dich glaubhaftesten und subjektiv wichtigsten aus diesem Strom heraus und hält sie für Dich fest. Die Gründe hierfür können dabei durchaus

variieren. Manche dieser Wahrheiten bewegen Dich beson-
ders, weil sie Dich faszinieren. Andere wiederum erzeugen
Wut in Dir und den Wunsch, mit den Wahrheitsgründern
gemeinsam, gegen irgendetwas oder irgendjemanden, in
den Krieg zu ziehen. Die schlimmsten aber sind jene Wahr-
heiten, die Dich dazu veranlassen, an Dir und damit an
Deiner eigenen Wahrheit zu zweifeln.

Oh ja, das kenne ich nur zu gut. Jahrelang haben es andere geschafft, dass ich die Fehler immer *nur* bei mir
gesucht habe. Das kostete mich so viel Kraft. Ich weiß,
man darf von Zeit zu Zeit ruhig mal selbstkritisch sein,
aber ich hab's sicherlich oft übertrieben.

Einsicht ist der erste Schritt zur Besserung. Nein, Spaß bei-
seite, ich weiß, wie hart Du an Dir gearbeitet hast.

Danke.

Du weißt ja inzwischen auch, warum viele Menschen sich
so verhalten oder?

Klar, es geht um Macht. Wenn ich Dich dazu bringe, an
Dir selbst und damit auch an Deinem Weg zu zweifeln,
dann kann ich Dich leichter davon überzeugen, mit mir
meinen Weg zu gehen. Und mich darin zu unterstützen.

Exakt. Und genau so funktionieren solche Wahrheiten
auch. Sie haften an Dir und lassen Dich an dem zweifeln,
was Du tatsächlich selbst wahrnimmst. Du fängst damit
an, Dich selbst in Frage zu stellen. Ist es wirklich gut, wenn

ich Spaß habe und Geld ausgebe, während auf der Welt Menschen in größter Armut leben und verhungern? Ist es ethisch vertretbar, Fleisch zu essen, wenn Tiere geschlachtet werden müssen, nur weil ich Hunger habe? Was meinst Du?

Stellst Du mich jetzt damit auf die Probe?

Nein, sag ehrlich, was meinst Du dazu?

Nun, ich denke, man sollte sich der globalen Verantwortung schon bewusst sein. Und es ist doch wirklich schlimm, wenn so viele Tiere geschlachtet werden.

Mag sein, aber wie geht es Dir persönlich dabei? Wie nimmst Du diese Wahrheiten wahr?

Naja, an manchen Tagen machen sie mir schon ein schlechtes Gewissen. Zum Beispiel dann, wenn ich beim Shoppen durch die Fußgängerzone laufe und Obdachlose um Geld betteln sehe. Oder wenn ich in den sozialen Medien schreckliche Bilder von kleinen Küken sehe, die auf unzumutbare Weise gehalten und behandelt werden.

Genau da haben wir's.

Du sprichst wieder mal in Rätseln. Was haben wir denn da?

Die Wahrheiten anderer, die sich bei Dir in Form eines „schlechten Gewissens" zeigen. Ich frage Dich ernsthaft: Hilft es dem Obdachlosen, wenn Du ein schlechtes

Gewissen hast?

Wohl eher nicht, es sei denn, ich würde ihm etwas Geld in seinen Hut legen.

Ja, dann wäre vielleicht Dein schlechtes Gewissen beruhigt. Aber was passiert mit Dir? Sei ehrlich, so wie Du gestrickt bist, würdest Du anfangen zu hinterfragen, ob es überhaupt gerechtfertigt ist, dass Du verglichen mit dem Obdachlosen, so viel Geld verdienst. Dein Hirn würde zu rattern beginnen und der ganze Spaß, den Du beim Einkaufen hättest haben wollen, wäre in dieser Sekunde verpufft.

Ich fasse nochmal zusammen: Du hast Dich mit dieser „scheinbaren Wahrheit" des Obdachlosen – scheinbar deshalb, weil Du seine Geschichte ja nicht wirklich kennst – so aus Deiner eigenen Welt reißen lassen, dass Dir der Spaß an dieser Shoppingtour weitestgehend vergangen ist. Der Erholungsfaktor, der hinter diesem Tun steckte, bleibt Dir also verwehrt. Die Lage des Obdachlosen hat sich auch nicht signifikant verbessert, denn von Deinem Mitleid kann auch er nicht wirklich profitieren.

Moment mal, aber wenn keiner irgendwas geben oder helfen würde, würde der Mann vielleicht verhungern. Wie bist Du denn drauf?

Völlig entspannt, denn wir wollten uns ja über Wahrheiten unterhalten. Und insbesondere über Deine Wahrheit. Ich stelle Dir deshalb nochmal die Frage: Was genau hat sich an Deiner Situation dadurch verbessert, dass Du Dir die für

Dich auch wichtige Erholung verwehrst, weil es anderen Menschen scheinbar schlechter geht als Dir?

Na, eigentlich nix, aber ...

Was aber? Lass mich das Ganze mal aus einer anderen Perspektive beleuchten. Mag sein, dass der Bettler in der Fußgängerzone derzeit einen sehr schlimmen Lebensabschnitt durchmacht. Es ist aber bestimmt so, dass diese Situation Teil seiner eigenen Wahrheit ist. Einer Wahrheit, welche Du nicht kennst, von der Du aber denkst, Du wüsstest alles darüber, weil es Obdachlosen per se einfach schlecht gehen muss.

Hast Du mal darüber nachgedacht, dass diese Situation für ihn auch so etwas wie ein Lernabschnitt in seinem Leben sein könnte? Vielleicht auch der Anfang von einem neuen Leben. Wolltest Du Dir anmaßen, darüber zu entscheiden, dass es für ihn „schlecht" sein muss so zu leben?

So langsam dämmert es mir worauf Du hinaus willst. Die kollektive Wahrheit, mit der jeder von uns dazu beiträgt, dass es Obdachlosen schlecht gehen muss, hat zugeschlagen. Sie verursacht bei vielen ein schlechtes Gewissen, obwohl sie selbst vermutlich am wenigsten Schuld daran tragen, dass die Lebensumstände des Mannes in der Fußgängerzone so sind, wie sie eben gerade sind.

Schlimmer noch. Sie macht Dich selbst zum geistigen Richter dieser Situation. Wer sagt Dir nicht, dass er sich ganz gut mit seinem aktuellen Schicksal arrangiert hat und es auf gewisse Weise sogar liebt, die Welt – zumindest eine zeitlang – aus dieser Perspektive zu sehen? Genau wie Du, hat auch er seine eigene Geschichte und seine eigene Wahrheit. Vielleicht entsteht durch diese Erfahrung, beziehungsweise Wahrnehmung, in ihm eine ganz neue Sicht, die für ihn und sein weiteres Leben immens wichtig sein kann.

Stimmt schon irgendwie. Aber ich kann mir halt nicht vorstellen, dass es angenehm ist, so leben zu müssen.

Ist es sicherlich auch nicht, aber wenn Du zurückdenkst, so hast auch Du in den schlimmsten Zeiten Deines Lebens unter den Umständen gelitten. Fakt ist, dass Du aber genau während dieser Zeit, auch das meiste über Dein Leben und über Dich gelernt hast. Du hast Erfahrungen gemacht, die Dich Deiner Wahrheit viel näher gebracht haben, als es jahrelanges Studium der gesamten Internetweisheiten jemals hätte bewirken können. Wer gibt Dir also das Recht, über die Situation dieses Mannes, in der Weise zu urteilen, als dass du ihm eine kollektive, generalisierte Wahrheit anderer überstülpen möchtest, die zudem nicht mal Deine eigene ist?

Erwischt. Ja, ich glaube, das habe ich schon des Öfteren in meinem Leben getan. Aber ich schwöre, ich hab's nur gut gemeint.

Glaub mir, die schlimmsten Gemeinheiten der Menschheitsgeschichte entstanden grundsätzlich aus Denkansätzen wie „ich hab's nur gut gemeint". Lass uns zu Dir zurück-

kehren. Es ging uns ja in unserem Dialog mehr darum, was diese „externe" Wahrheit mit Dir macht. Wie würdest Du das beschreiben?

Also gut. Ich würde sagen, sie hat dazu geführt, dass mir der Spaß am Einkaufen irgendwie vergangen ist. Ich bin sowieso nicht so der Typ Mensch, der stundenlang durch die Stadt rennt und sich Sachen kauft, die er eigentlich gar nicht braucht. Aber von Zeit zu Zeit gönne ich mir mal einen solchen Ausflug und genieße es, durch die Einkaufspassage zu schlendern und mich von den Angeboten verzaubern zu lassen. Es reißt mich heraus aus meinem Alltagstrott und die eigenen Sorgen und Problemchen sind einfach mal für ein oder zwei Stunden vergessen. Es gibt mir das Gefühl, sich mal das eine oder andere gönnen zu können, nachdem es finanziell auch schon schlechtere Zeiten gab. Es ist somit auch eine kleine Belohnung für mich selbst, zum Beispiel nach erfolgreicher Arbeit. Vielleicht sogar so etwas, wie der Schulterklopfer, von dem wir letztes Mal gesprochen hatten.

Und genau dieses gute Gefühl opferst Du auf dem Scheiterhaufen der Wahrheiten anderer?

Also, wenn Du es so sagst, klingt das gleich so dramatisch.

Ist es in Summe auch. Vielleicht nicht dieses einzelne Ereignis an sich. Aber im Laufe eines Tages kommt es häufiger vor, dass Du Dir aufgrund der Wahrheiten anderer

Dein eigenes Leben nicht zugestehst. Das ist ein bisschen so, als würdest Du ständig, in Rücksichtnahme auf andere Menschen, immer dann einen Umweg fahren, wenn es diesen nicht passt, dass Du Deinen Weg so fährst, wie Du ihn gerne fahren würdest. Stell Dir vor, Du müsstest mit dem Auto durch eine belebte Großstadt fahren und jeder Passant oder Hauseigentümer könnte darüber befinden, ob Du gerade bei ihm vor der Haustüre vorbeifahren dürftest. Was glaubst Du würde passieren?

Nun, vermutlich käme ich nirgendwohin. Der alte Nachbar um die Ecke würde sagen, dass er seine Ruhe haben möchte und die Straße, schon alleine wegen der Falschparker, am besten autofrei sein sollte. Und unten am Kindergarten, da ist Verkehr sowieso extrem gefährlich und von den meisten Eltern unerwünscht. Natürlich mit Ausnahme der Mütter in schnellen SUVs, die ihre Kinder dort „just-in-time" abliefern. Weiter in der Stadtmitte ist die Feinstaubbelastung eh schon so hoch, dass es besser wäre, ich dürfte dort gar nicht erst hineinfahren.

Gut beschrieben. Ich sehe, Du hast das Problem umrissen.

Ja klar, das hatte ich doch schon von Anfang an. Naja, zumindest dachte ich das. Ich wäre Dir allerdings dankbar, wenn wir mal wieder auf meine Frage zurückkämen. Wie kann ich es denn nun verhindern, dass ich zukünftig weiterhin auf dieses Wahrheitenchaos reinfalle?

Ganz einfach. Indem Du mehr darauf achtest, was Deine

Wahrheit ist und Dich weniger daran orientierst, was andere denken, meinen oder tun. Mach Dein eigenes Bauchgefühl möglichst in jeder Sekunde Deines Lebens wieder zum Gradmesser der Wohlfühltemperatur in Deinem Teich.

Klingt so einfach, wie Du das so sagst.

Ist es eigentlich auch. Upps, hab ich jetzt „eigentlich" gesagt. Ich meinte natürlich, ist es auch, Punkt. Du merkst und weißt allerdings schon, dass es etwas Übung bedarf. Darauf sollten wir beim nächsten Mal noch konkreter eingehen. Was meinst Du?

Machen wir.

19. Januar 2018

Guten Morgen. Wo waren wir stehengeblieben?

Bei Deiner Frage, wie Du es schaffen kannst, den Wahrheiten anderer nicht auf den Leim zu gehen.

Ah ja, genau. Es klingt immer so einfach, wenn Du das sagst, aber im Alltag und dem Stress den man da hat, ist es für mich zumindest meistens gar nicht so leicht, mich in jeder Sekunde darauf zu konzentrieren. Ich meine, ich bin ja nicht alleine auf der Welt. Selbst wenn ich es mir vornehme, darauf zu achten und in mich „hineinzu-spüren", gelingt mir das oft gar nicht, weil ich dann wieder durch irgendwen oder irgendetwas abgelenkt werde.

Ja, weil Du auch immer aus allem eine Wissenschaft machen willst.

Na danke schön! Das hätte man aber auch einfühlsamer sagen können.

Einfühlsamer schon, aber wir sind ja der Wahrheit auf der Spur. Deiner Wahrheit. Und da helfen solche Höflichkeits-floskeln sicherlich nicht weiter.

Ich weiß, ich weiß. Du hast recht. Es fällt mir manch-mal halt immer noch schwer, die Dinge direkt anzuspre-chen. Ich will niemanden verletzen, mit dem was ich sage und denke, daher ist ein bisschen Höflichkeit eben angebracht.

Ach so, Du meinst, es sei höflicher die Menschen in Deiner Gegenwart zu belügen?

Natürlich nicht. Ich belüge doch niemanden, wenn ich mit meinen Gefühlen und Gedanken zu einem Thema nicht gleich einfach so herausplatze.

Genau. Und da ist es einfach besser, mit seinen eigenen Gefühlen hinter dem Berg zu halten und damit nicht nur die anderen, sondern in Folge auch sich selbst zu täuschen. Gib's zu, auch Du bist oft ein Meister der Selbsttäuschung. Getreu dem Motto, wenn Du Dir nur lange genug etwas einredest, wird es irgendwann auch so sein.

Stopp. Was hat das jetzt mit meiner Wahrheit zu tun?

Ganz viel. Denn bei solchen Banalitäten geht es schon los. Überleg mal, was Du gesagt hast! Um anderen nicht weh- zutun, nimmst Du Dich selbst lieber zurück.

Naja, stell Dir vor, jeder würde immer nur das tun, was er will. Die Welt würde ganz schnell im Chaos der Ak- tionen vieler maßloser Egoisten versinken.

Ich glaube, Du verwechselst da was. Wahrheit und respekt- volles Miteinander stehen nicht auf entgegengesetzten, son- dern auf derselben Seite. Sie sind keine Gegner, sondern ergänzen einander. Mehr noch, sie bauen aufeinander auf.

Das glaube ich noch nicht so ganz. Ich meine, in der Theorie klingt das ja ganz gut, aber in der Praxis? Stell Dir vor, ich werde irgendwo eingeladen, mag da aber nicht hingehen, weil ich vielleicht den Gastgeber, oder andere Gäste, nicht so toll finde. Soll ich denen jetzt sagen, dass ich keinen Wert auf ihre Einladung lege, weil ich sie doof finde? Sehr respektvoll.

Bleib doch mal bei der Wahrheit. Du findest sie ja nicht „doof", sondern ihr habt vielleicht keine, beziehungsweise kaum Gemeinsamkeiten. Eine Einladung wäre also von deren Seite bereits ein reiner Akt der Höflichkeit, oder mit anderen Worten, eigentlich schon nicht ehrlich. Diese un-ehrliche Einladung mit einer unehrlichen Zusage zu beant-worten, hat nur wenig mit Wahrheit und noch viel weniger mit Respekt zu tun. Das, was Du also unter „Höflichkeit" verstehst, ist nichts anderes, als ein weiterer Akt des Selbst-betrugs, der noch dazu Dir und Deinen Gastgebern in spe, mit an Sicherheit grenzender Wahrscheinlichkeit den ge-meinsamen Abend versauen wird.

Was schlägst Du also vor?

Wie wäre es mit der Wahrheit? Warum suchst Du in einem solchen Fall nicht einfach ein freundliches Gespräch unter vier Augen und schilderst die Situation ehrlich und gerade heraus? Es ist dabei gar nicht nötig, jemanden zu verärgern oder gar zu beleidigen.

Auf den ersten Blick macht es mein Leben aber erst ein-mal komplizierter, denn wenn ich mir bei jedem Thema, das in diese Richtung geht, immer erst klar werden muss, was genau ich fühle und wie ich das dann respekt-voll mitteile, artet das ganz schnell in Stress aus.

Das Gegenteil ist der Fall. Je klarer Du bist, desto klarer nimmt Dich auch Deine Umwelt wahr. Die Anzahl der Momente, in denen Du „höflich" sein musst, wird immer geringer, weil es auch die Menschen in Deiner Umgebung sehr schätzen werden, dass Du aufrecht zu ihnen bist und ihnen mit Respekt begegnest.

Klar, weil ich dann kaum noch Freunde haben werde, wenn ich sie so vor den Kopf stoße.

Wahre Freunde werden die Ehrlichkeit schätzen. In Deiner aktuellen Umgebung ist diese Eigenschaft sehr rar geworden. Ich spüre da immer noch eine Angst in Dir, Menschen zu verlieren, da Du fürchtest, sie würden sich von Dir abwenden, wenn Du ihre „Anforderungen" nicht erfüllst.

Touché ...

Das ist genau der Punkt in dieser Höflichkeitssache, und damit kommen wir nun auch auf Deine Frage zurück. Was höflich ist oder nicht, ist extrem relativ. Es ist wie vieles andere auch wieder eine von vielen Menschen über einen längeren Zeitraum geprägte Anschauung darüber, wie sie sich in einem bestimmten Kulturkreis einander gegenüber verhalten wollen.

Bereits von Kindesbeinen an haben Dir Deine Eltern beigebracht, „höflich" zu sein. Da Du kein sehr rebellischer Mensch bist, hast Du diese Denkmuster ganz einfach übernommen. Sie haften an Dir und überlagern damit in vielen Bereichen Deine eigene Sicht auf die Dinge.

Du meinst Höflichkeit ist also in unserer Gesellschaft entbehrlich?

Ja, absolut. Wenn an deren Stelle ein gesundes und respektvolles Miteinander tritt, dann auf jeden Fall.

Okay, aber wie kriege ich jetzt die anderen dazu, dass sie das kapieren und sich auch entsprechend verhalten?

Gar nicht. Es ist gar nicht nötig.

Aber Du sagtest doch gerade, dass sie entbehrlich ist. Ich würde das gerne ändern und auch andere davon überzeugen, da mitzumachen.

Du kannst niemanden überzeugen, indem Du von ihm verlangst zu sein, was Du selbst nicht bist. Fang bei Dir an. Ändere Dein Verhalten den andern gegenüber und dann werden sich auch die anderen ändern.

Du meinst also, Wahrheit ist ansteckend?

So könnte man das sagen. Aber es erfordert speziell am Anfang etwas Mut, denn die Sache wird sich vielleicht nicht in der Form entwickeln, wie Du das gerade vor Augen hast.

Wenn Du Dich änderst, wird sich auch Dein Umfeld ändern. Das bedeutet, manche Menschen werden es vielleicht verlassen, neue hinzukommen. Vor allem solche, die dann mehr so sind, wie Du selber bist. Mit anderen Worten: Es werden andere Einladungen von Menschen kommen, mit denen Du mehr gemeinsam hast. Eure Treffen werden dann angenehmer, vielschichtiger und wahrer, als es vorher der Fall war.

Das klingt gut. Und es klingt vor allem, als ob es gar nicht so schlecht bestellt ist um die Wahrheit und um ein sinnvolles Miteinander. Aber lass uns noch einmal auf die Wahrheit und mein „Wahrheitenchaos" zurückkommen. Wie kann ich also meine Wahrheit im Alltag effektiver leben?

In dem Du Dich ausschließlich an dem orientierst, wer Du bist und was Du wirklich willst. Ich meine damit jetzt nicht irgendwelche Pseudowünsche oder –befindlichkeiten Deines Egos, sondern ich rede von Herzenswünschen und wahren Gefühlen zu Dir selbst.

*Wenn Du Dich mit solchen Einladungen nicht gut fühlst, dann geh nicht einfach **nicht** hin oder finde eine Ausrede, um nicht hingehen zu müssen, sondern (er)kläre die Sache. Du hättest gerne ein respektvolles Miteinander, dann fange bei Dir selbst an. Sei respektvoll zu Dir selbst. Genau wie zu allen anderen auch.*

Gut. Nur um sicherzustellen, dass ich das jetzt auch verstanden habe. Der erste Schritt ist immer der, dass ich für mich kläre, ob ich das, was mir widerfährt oder angeboten wird, überhaupt will?

Korrekt.

Sei mir bitte nicht böse, aber das klingt immer noch furchtbar anstrengend. Ich stell mir meinen Tag gerade vor. Wenn ich da bei jedem Ereignis immer erstmal abwägen und mich reindenken muss ...

Nicht reindenken. Reinfühlen!

Klingt ja noch schlimmer. Wie soll das ganz pragmatisch gehen? Ich kann ja nicht zu jemandem, der mich am Telefon gerade um eine Entscheidung gebeten hat sagen, „einen Moment, bitte warten Sie, bis ich mich da kurz hineingefühlt habe".

Das brauchst Du gar nicht. Achte auf Dein Bauchgefühl! Ich meine damit, achte auf die Parameter die Dir Dein Körper ganz automatisch liefert, wie Du das wohl ausdrükken würdest.

Das kann ein wohliges Kribbeln oder vielleicht ein distanziertes, eher ängstliches Gefühl sein. Entscheide dann aus dem Bauch heraus, falls es erforderlich sein sollte. Wenn Du zu keiner Entscheidung kommst, dann nimm Dir die Zeit die Du brauchst, um Dir klar zu werden, was Du wirklich willst.

Ich erinnere mich an viele Situationen, in denen ich mich aus reiner Höflichkeit heraus überrumpeln ließ. Eigentlich wollte ich nicht so schnell zusagen, aber aus Angst, ich würde mein Gegenüber vor den Kopf stoßen, habe ich dann einfach zugesagt, ohne auf mein Gefühl zu achten.

*Entscheidungen, die Du aus wahrer Liebe zu Dir triffst, sind nie falsche Entscheidungen. Denn sie werden auf der Grundlage dessen getroffen, was Dich ausmacht, wer Du **bist**. Und nicht aus der Sichtweise anderer, wer Du ihrer Meinung nach vielleicht **sein solltest**.*

Leuchtet irgendwie ein. So, wie Du es sagst, klingt das alles immer so logisch und einfach.

Aber das ist es auch. Versuch's doch einfach mal. Was hast Du zu verlieren?

Eigentlich nichts, nur mein altes Ich vielleicht.

26. Januar 2018

Mann, war das eine Woche. Anstrengend, aber auch irgendwie gut. Ich hatte so viel zu tun, dass wir beide gar nicht weitersprechen konnten.

Na, dafür haben wir ja jetzt Zeit.

Ja, und ich bin schon sehr gespannt. Etwas hat mich die letzten Tage über beschäftigt. Ich habe gegrübelt und viele Erlebnisse meiner Vergangenheit nochmal Revue passieren lassen. Mir ging einfach Deine These nicht mehr aus dem Kopf, dass alle Entscheidungen, die ich aus Liebe zu mir selbst treffe, immer richtige Entscheidungen sind.

Oh, es ist weit mehr als eine These, wenn ich das mal anmerken darf. Es ist die Wahrheit. Aber zu welchem Ergebnis bist Du denn für Dich gekommen?

Ich denke, Du hast recht. Nein, ich fühle das. Was mich dabei allerdings erschrecken ließ, ist die Tatsache, dass es rückblickend betrachtet, leider nur sehr wenige Entscheidungen waren, die ich so getroffen habe. Viele, und vor allem wichtige Entscheidungen meines Lebens, habe ich eher davon abhängig gemacht, was andere dachten. Ich war leichtsinnigerweise einfach der Ansicht, dass die meisten Ratgeber in meinem Umfeld älter und erfahrener sind als ich. Und damit stand für mich fest, dass sie folglich auch mehr wissen müssten als ich.

Wissen?

Ja, wissen. Sie haben doch schon mehr erlebt und so ist es für mich nur logisch gewesen, dass ihre Erfahrung sicherlich eine bessere Entscheidungsgrundlage für mich wäre.

*Aha. Du hast allen Ernstes geglaubt, dass jemand anderer besser über Dich und Dein Leben **Bescheid wissen** könnte als Du selbst?*

Naja, was soll ich sagen. Ja, so naiv war ich. Ich dachte halt einfach, „Augen zu und durch".

Durch wohin?

Durch so eine Art Lehrzeit. Wenn Du noch jung bist, denkst Du doch immer, Du weißt nicht genug. Jedenfalls viel zu wenig und musst Dich daher nach den anderen richten. Wenn Du das lange genug machst, bist Du dann eines Tages selbst *wissend* und die jüngeren werden zu Dir kommen, um nach Rat zu fragen.

Und warum sollten die jüngeren das dann tun? Um von Dir Wissen aus zweiter Hand erhalten zu können?

He, bist Du heute streng. Ich sagte doch, ich habe da *wohl* ein paar Fehler gemacht.

Mit streng hat das rein gar nichts zu tun. Und von Fehlern will ich auch gar nicht reden. Sagen wir einfach, Du hast versucht, eigene Erfahrungen zu machen und hast Dich stets von denen der anderen so erfolgreich beeindrucken lassen, dass Du einfach vergessen hast, nach Deiner Wahrheit zu suchen.

Ja, so könnte man das auch sagen. Aber ich habe den Eindruck, dass es ganz vielen Menschen so geht.

Das ist definitiv der Fall. Deshalb sagte ich ja, man kann nicht von einem Fehler sprechen. Es ist vielmehr ein Erkenntnisprozess, der einem Weg gleicht. Wie das mit Wegen eben ist, so führen bekanntlich viele verschiedene Wege ans gleiche Ziel. Die einen früher, die anderen später. Aber, und das ist das Geniale, sie führen Dich immer ans Ziel. An Dein Ziel.

Du siehst mich also nicht als Verlierer, oder bist gar sauer auf mich?

Hätte das für Deine Wahrheit irgendeine Bedeutung?

Naja, wenn Du mir schon wieder so kommst, dann vermutlich nicht. Aber es wäre beruhigender oder sagen wir angenehmer für mich, wenn wir der gleichen Meinung wären. Dann könnte ich mir sicher sein, dass meine Wahrheit jetzt auch wirklich die richtige Wahrheit ist. Verstehst Du was ich meine?

Klar verstehe ich, was Du meinst. Nichtsdestotrotz hat meine Meinung zu Deiner Wahrheit oder über die Dauer Deines Erkenntnisprozesses in dieser Hinsicht rein gar keine Bedeutung. Hast Du das verstanden?

Ja. So langsam beginne ich mich mit dem Gedanken anzufreunden. Tut mir leid, aber das ist für mich eben etwas gewöhnungsbedürftig. Ich frage mich, wann das angefangen hat mit dieser „Prägung". Also wann habe ich aufgehört meiner eigenen inneren Stimme und meinem Gefühl weniger zu vertrauen, als dem, was andere für gut mich fanden?

Schon sehr früh in Deiner Kindheit. Erinnerst Du Dich

noch an diese Sprichwörter, über die wir neulich gesprochen hatten? Genau durch solche Verhaltensmuster war Dein ganzes Umfeld sehr geprägt, auch Deine Eltern. Sie wollten nichts „falsch" machen und hatten - wie alle jungen Eltern - keine Erfahrung im Elternsein. Niemand wird schließlich als Elternteil geboren. Mit anderen Worten, auch sie standen vor der Wahl, ihren eigenen Gefühlen zu vertrauen, oder lieber auf „Nummer sicher" zu gehen und der allgemeinen Weisheit mehr Glauben zu schenken, als sich selbst.

Das ist schon irgendwie bizarr. Ich bin mir sicher, auch meine Eltern wollten ja nur das Beste und nichts verkehrt machen.

*Du sagst es. Sie wollten nichts **verkehrt** machen. Aber genau das ist ja der Punkt. Du kannst im Leben grundsätzlich nichts **verkehrt** machen, wenn Du berücksichtigst, wer Du wirklich bist und was Deine wirklichen Bedürfnisse sind, um Deinen eigenen Weg zu gehen und Dein Ziel zu erreichen.*

Kann ich nicht?

*Nein, kannst Du nicht. Nicht einmal, wenn Du eine Zeit lang die Wahrheiten anderer mit Deinen eigenen verwechselst. Ich sagte ja bereits: Da alle Deine Wege an Dein Ziel führen, können sie auch aus Deinem Blickwinkel nicht **verkehrt** sein. Höchstens aus dem Blickwinkel der anderen.*

Das klingt logisch. Und da die anderen aber gar nicht

wissen können, was gut für mich ist, können sie im Umkehrschluss auch nicht sagen, was **verkehrt** für mich ist. Richtig?

Genau so ist es.

Nun, wenn das alles so logisch ist, warum versteht's dann kaum einer?

Weil es viele grundlegende Wahrheiten gibt, über die sich die Gesellschaft einig ist. Eine gewisse Werteordnung, die an sich nichts Schlechtes ist. Sie ist eben nur wie jede andere allgemeine Wahrheit auch. Sie kommt der Wahrheit des einen näher, als der eines anderen. Kein Mensch ist wie der andere. Keine Wahrheit eines Menschen ist wie die andere.

Hinzu kommt, dass sich zu diesen grundlegenden Wahrheiten zusätzlich regionale, bildungstechnische, einkommenstechnische und noch viele andere Wahrheiten gesellen. Oft bleiben sie auch für längere Zeit unverändert, obwohl sich die Lebensgewohnheiten insgesamt deutlich verändert haben. Sprich, sie sind nicht mehr zeitgemäß. All dies führt zu einem wahren Dschungel an Wahrheiten, in dem Du Dich täglich bewegst. Den Dich ans Ziel bringenden Pfad da nicht aus den Augen zu verlieren, ist wirklich oft nicht ganz einfach, zugegeben.

Aber, wenn ich die Sache richtig einschätze, gibt's da schon ein paar Tricks, oder?

Auch wenn das Wort Tricks in diesem Zusammenhang et-

was suboptimal gewählt ist: Ja, die gibt es. Die Natur hat Dich gewissermaßen mit einem Kompass ausgestattet. Deinem Körper.

Meinem Körper? Kompass? Versteh ich nicht.

Ich hatte Dir ja schon gesagt, dass es der Wahrheitsfindung dient, in Dich hineinzufühlen, wie Du die Sache wahrnimmst. Du erinnerst Dich, dass Du das als „sehr stressig" empfunden hast?

Ja.

Dieses Hineinfühlen und dementsprechend die Richtung zu ändern, führt dazu, dass Du Dich besser fühlst. Lass uns bei dem Bild des „Wahrheitsdschungel" bleiben. Stell Dir vor, Du müsstest eine gewisse Wegstrecke durch ein Gebiet im tiefsten Dschungel zurücklegen. Du kennst das Ziel, aber nicht den Weg. Du hast nur eine sehr grobe Karte, die dazu noch ziemlich alt ist.

Kann ich mir gut vorstellen.

Du versuchst also, mit Hilfe dieser Karte Deinen Weg durch das Blättergewirr zu finden. Es gibt auch einen Pfad, der aber immer wieder mit Hindernissen gespickt ist. Diese Hindernisse gilt es zu überwinden.

Klingt spannend.

Ist es auch. Aber lass mich kurz weiterbeschreiben. Die-

se Hindernisse sind manchmal leicht, zeitweise aber auch knifflig. Vor und an jedem Hindernis triffst Du andere Menschen. Menschen, die ein Stück weit mit Dir diesen Pfad gehen. Andere wiederum, kommen Dir entgegen. Bist Du noch im Bilde?

Ja. Ich glaube mir dämmert langsam, wofür die einzelnen Dinge stehen.

Der Pfad ist Dein Lebensweg. Er ist angereichert mit zahlreichen Hindernissen, sprich Aufgaben und damit verbundenen Erfahrungen, wenn Du diese überwindest beziehungsweise löst. Er ist niemals langweilig. Manchmal breiter, manchmal enger, manchmal steiler, manchmal flacher. Aber eines ist er immer und auf jeden Fall: Dein Weg, der Dich an Dein Ziel bringt.

Oh Mann, das hört sich aber schon wieder so schwierig an. Klingt nach Blut, Schweiß und Tränen.

Abwarten. Entlang dieses Weges triffst Du, wie gesagt, auf andere Menschen. Jeder von diesen Menschen hat auch eine eigene Karte, die ihn oder sie an ihr Ziel führt. Aber eines habt Ihr alle gemein. Jeder von Euch hat sein eigenes Ziel. Die Ziele mögen sich ähneln, aber sie sind dennoch immer verschieden.

Um ein Hindernis zu überwinden, hast Du wiederum zwei Möglichkeiten. Entweder Du gehst es an Ort und Stelle an und suchst einen Weg über dieses Hindernis hinweg, wenn Du bereit dazu bist. Die zweite Variante wäre, einen Um-

weg durch das Gestrüpp in Kauf zu nehmen. Dieser kostet Dich in jedem Falle aber mehr Zeit, Kraft und vielleicht die eine oder andere blutige Schramme.

Und die dritte Variante?

Du harrst vor dem Hindernis aus oder gehst sogar wieder ein Stück zurück, was aber Gefühle wie Frustration und Minderwertigkeit auf den Plan rufen könnte.

Das heißt, der beste Weg wäre, die Sache anzugehen und einfach über das Hindernis zu klettern. Sicher würde ich mich dann besser fühlen, wenn ich's geschafft hätte. Gibt einem so einen Kick eben.

Würdest Du, denn Du wärst Deinem Ziel ja auf direktem Wege ein gutes Stückchen näher gekommen. Aber, ob das der beste Weg für Dich wäre, hinge von der jeweiligen Situation ab. Also zum Beispiel, wie es mit Deinen Kraftreserven bestellt ist.

So. Jetzt stell Dir vor, Du bist voller Tatendrang und wild entschlossen, all Deinen Mut zusammenzunehmen, um zum Beispiel über eine kleine, tiefe Schlucht zu springen, die den Weg vor Dir scheinbar unpassierbar macht. Zwei Meter rüber, aber zwanzig Meter runter.

Ja, hab das Bild jetzt deutlich vor Augen.

Als Du näher kommst, siehst Du direkt am Rand dieser kleinen Schlucht einen älteren, sportlichen Mann sitzen, der sich beim Versuch, über diese Schlucht zu gelangen, das Fußgelenk schrecklich verstaucht hat.

Aua. Das ist hier in der Wildnis richtig gefährlich.

In seiner Angst erzählt er Dir, dass er es schon zweimal versucht hat, diese Schlucht zu überqueren, aber beim zweiten Mal sei er so böse ausgerutscht, dass er sich diese Verletzung zugezogen hat. Mit letzter Kraft konnte er sich wieder hochziehen und so schlimmeres vermeiden. Er erzählt Dir, wie fit er normalerweise ist und dass ihm so etwas noch nie passiert sei. Du fühlst, dass er Angst hat, da nicht mehr ohne fremde Hilfe wegzukommen. Da er sehr durchtrainiert aussieht, fängst Du bereits an, Dir Gedanken zu machen, wie Du es schaffen sollst, da hinüber zu kommen, wenn schon so ein athletisch gebauter Typ dies nicht schafft.

Ja, solche Zweifel kenne ich.

Als ob das nicht schon genug wäre, beginnt er, Dir auch noch zu erzählen, dass so ein Spargeltarzan wie Du, es wohl seiner Ansicht nach sicher nie schaffen würde, da rüberzuhüpfen. Bestimmt wäre es daher viel besser für Dich, wenn Du mit ihm gemeinsam umdrehen würdest. Sicher ist sicher. Schließlich, hat er noch eine Wahrheit im Köcher, die er Dir pfeilschnell um die Ohren schießt. „Wer sich in Gefahr begibt, kommt ganz sicher in ihr um." Und schon ist Dein Mutlevel von neunzig auf null Prozent geschrumpft.

Ich verstehe. Dadurch, dass ich meine Wahrheit zu

Gunsten seiner aufgegeben habe, habe ich mich selbst der Möglichkeit beraubt, meinen Weg über dieses Hindernis wagen zu können. Vermutlich hätte ich ohne ihn kurz gezögert, dann aber all meinen Mut zusammengenommen und wäre gesprungen. Dank meines Körperbaus, hätte ich sicherlich gut dreißig Kilo weniger über diese Schlucht wuchten müssen, als der in die Jahre gekommene Sportsfreund.

Exakt. Es wäre Dir nicht in den Sinn gekommen umzudrehen, da Du in diesem Augenblick Deinen Sprungkünsten und Dir selbst vertraut hättest. Aber ein paar gezielte Worte, und das Vertrauen in Deine Wahrnehmung fiel in sich zusammen wie ein schlampig errichtetes Kartenhaus.

Er hat Dich genau dort getroffen, wo Du am verwundbarsten warst und Du bist zu Boden gegangen, statt auf der gegenüberliegenden Seite der Schlucht Deinen Erfolg zu genießen und daraus die positive Erfahrung, sowie ein Plus an Selbstsicherheit zu generieren.

Aber warum hat er das getan? Welchen Vorteil hatte er denn dadurch?

Einerseits sind es seine Ängste, die er auf andere projiziert. Er ist zutiefst erschüttert und in Panik durch seine Verletzung. Das kratzt nicht nur an seinem Ego, sondern bringt ihn tatsächlich in eine Situation der Hilflosigkeit, des Ausgeliefertseins. Doch anstatt nach eigenen Lösungen zu suchen oder gar andere um Hilfe zu bitten, scheint es ihm doch einfacher, den anderen zu sich „herunter" zu holen.

Okay, aber das bringt uns doch beide nicht weiter.

Unterm Strich natürlich nicht. Aber darum geht es seinem Ego in diesem Moment nicht. Es fühlt sich schlecht und es will diesen Zustand um nichts auf der Welt länger aufrechterhalten, als es wirklich sein muss.

Du meinst er erniedrigt mich, damit er sich selbst nicht mehr so schlecht fühlen muss? Was für ein perfider Plan.

Und in dem Moment, in dem Du die Annahme seiner Wahrheit über Dich auch nur in Erwägung gezogen hast, ist dieser letztlich aufgegangen. Statt Deinen Weg leichtfüßig fortzusetzen, sitzt Du nun neben ihm am Boden.

Aber das wäre gar nicht notwendig gewesen. Wenn er ehrlich zu mir gewesen wäre und mich um Hilfe gebeten hätte, so hätte ich sicher nicht nein gesagt. Ich hätte ihm geholfen, ein paar Krücken anzufertigen, damit er wieder weiter kommt und wäre dann aufgebrochen, meinen Weg fortzusetzen. Es wäre also eine Win-win-Situation gewesen. Es hätte ihm geholfen, weiter- oder zurückzukommen und mir wäre die Erfahrung, anderen auf ihrem Weg geholfen zu haben, sicherlich auch irgendwie hilfreich gewesen. Und sei es nur, weil es die Hoffnung nährt, dass andere einem auch helfen, wenn man dringend ihre Hilfe benötigt.

*Du sagst es. Was Du als perfiden Plan bezeichnest, ist die Art und Weise, wie diese Wahrheiten auf Dich **einwirken** können, wenn Du es zulässt. Sie halten Dich davon ab,*

Deinen Weg konsequent weiter zu verfolgen.

Nun ja, aber Gott sei Dank sind wir ja nicht im Dschungel und die eine oder andere Wahrheit, die ich versehentlich aufschnappe, hat im richtigen Leben sicher nicht so krasse Konsequenzen, wie in Deinem Beispiel.

Da irrst Du Dich leider gewaltig. Sie bewirken in Deinem **richtigen Leben** *genau dasselbe. Denk daran, als Du damals erstmals mit dem Gedanken spieltest, Dich selbständig zu machen.*

Ich erinnere mich. Es war schon während des Studiums, nein, eigentlich sogar schon während der Abiturzeit.

Stimmt. Und dann hast Du Dich also direkt nach Deinem Studium selbständig gemacht?

Nein, das weißt Du doch. Ich habe erstmal drei Jahre als Angestellter gearbeitet. Schließlich muss man ja für den Start etwas Erfahrung sammeln, bevor man sich selbständig machen kann. Ist ja noch kein Meister vom Himmel gefallen.

Sagt wer?

Ähm, naja, sagt man halt so, auch meine Eltern und Studienkollegen und …

Na, wenn Du das sagst.

30. Januar 2018

Wow, was für ein toller Sonnenschein das heute ist. Es ist zwar noch nicht wirklich warm, aber nach den vielen grauen, regnerischen und nebligen Tagen echt mal ein Kontrastprogramm für die Seele.

Ein wahrhaft kaiserliches Wetter.

Lass uns doch da anknüpfen, wo wir vor ein paar Tagen

stehen geblieben sind.

Gerne.

Ich musste wieder einmal über Deine Worte nachdenken. Ja, ich war schon verblüfft, wie die Wahrheiten anderer tatsächlich meinen Lebensweg beeinflussen. Und das Schlimme daran ist, dass das ja täglich auch immer so weitergeht. Nicht auszudenken, wo ich bereits sein könnte, wenn ich mich nicht ständig von anderen so irritieren ließe. Wenn ich nicht solche Fehler machen würde.

Was ist so schlimm daran, Fehler zu machen?

Alles! Ich finde, es ist doch irgendwie dumm, denn es wirft Dich nur wieder zurück. Ich könnte doch viel schneller, effektiver oder einfach besser sein, ohne diesen Fehlermist.

So, könntest Du?

Sicher doch. Hast Du doch selber gesagt. Wenn ich mich selber nicht so von anderen Wahrheiten beeinflussen ließe, dann käme ich auf meinem Pfad durch den Dschungel besser voran.

Was macht Dich da so sicher?

Na, ich mich selber. Wenn ich mir meiner bewusster bin, also meiner eigenen Wahrheit näher komme, mache ich keine Fehler mehr, weil ich ja auf meinem Weg bin.

Ich denke, Du hast da was falsch verstanden. Dir Deiner Wahrheit bewusst zu sein, bedeutet nicht zwingendermaßen, keine Fehler mehr machen zu können. Es bedeutet lediglich, dass Du nicht die Fehler der anderen machst, sondern Deine eigenen.

Du verwirrst mich. Wo soll denn da der Unterschied sein?

Ganz einfach. Deine Fehler sind kurze Abstecher auf Deinem Weg, die wichtig für Dich sind. Es sind sinnvolle Entwicklungsabschnitte in Deinem Leben. Es sind keine Umwege, sondern Aufgaben, beziehungsweise kleine Hindernisse, an denen Du wachsen kannst.

Die Fehler, die Du machst, weil Du den Wahrheiten anderer mehr vertrauen schenkst als Dir selbst, sind Umwege, die Dich Deiner Kraft berauben, statt Dir Kraft zu schenken.

Du meinst, es gibt *gute* und *schlechte* Fehler?

Ich meine, wir sollten uns vielleicht von dem Wort Fehler verabschieden, denn das ist in Deinem Falle sehr negativ belegt. Du bist so erzogen worden, dass man tunlichst keine Fehler machen sollte. Nur dumme Menschen machen Fehler und die hat keiner wirklich gerne in seiner Umgebung.

Klingt wieder einmal so krass, wenn Du das so auf den

Punkt bringst, aber ich kann Dir da nicht wirklich widersprechen. Ich bin schon manchmal ein kleiner Perfektionist, der selbst sein schlimmster Kritiker ist. Anderen kann ich Fehler hervorragend verzeihen, aber mir selbst eher weniger.

Ich weiß. Lass uns deshalb vielleicht beim Bild der Hindernisse auf Deinem Weg bleiben. Es gibt Hindernisse, deren Überwindung für Dich einen Erkenntnisgewinn darstellen. Es sind also kleine Prüfungen, denen Du Dich stellst und die Du auch sicher meistern kannst, solange Du ...

Solange ich was?

Solange Du auf Deine eigene Wahrheit achtest, also sozusagen ganz bei Dir bleibst. Diese Form von Hindernissen liegt, gewissermaßen, mit Deinem Einverständnis auf Deinem Weg, denn es sind Meilensteine, die diesen Teil vom nächsten Abschnitt des Weges trennen. Wie Schleusen, die ein Schiff von einer Ebene des Flusses in die nächste emporheben, so kannst auch Du von diesen Aufgaben profitieren. Du kannst an ihnen wachsen.

Die zweite Form von Hindernissen, sind solche, die andere Dir in den Weg gelegt haben. Sie bringen Dir keinen Erkenntnisgewinn, da die dahinterstehende Wahrheit nicht die Deine ist. Es ist ein bisschen so, als würdest Du die Hausaufgaben anderer Menschen erledigen. Du selbst kannst davon nicht profitieren.

Hört sich plausibel an. Ich glaube, ich hab's jetzt kapiert.

Gut.

So, nun haben wir schon jede Menge über diese Wahrheiten geredet. Wir haben darüber gesprochen, was sie bewirken und wie leicht wir auf die von anderen hereinfallen können. Wir haben auch klargestellt, dass sie gar nicht unbedingt mit vorsätzlich negativer Haltung zu tun haben müssen, sondern dass sie oft aus einem falschverstandenen Sicherheits- und Fürsorgedenken heraus entstehen.

Stimmt.

Du hast mir auch schon gesagt, dass mein Gefühl der Kompass in mir ist, der mir Aufschluss darüber geben kann, ob ich jetzt ein eigenes oder fremdes Hindernis beackere. Aber was ist, mit alten, sozusagen festsitzenden Fremdwahrheiten? Also, ich meine solche, die ich vielleicht schon mein ganzes Leben mit mir herumschleppe, aber einfach nicht loswerde?

Ich fühle ja, dass ich sie weder brauche noch will, aber sie haben sich irgendwie verhakt. Es ist nicht wie bei *aktuellen* Wahrheiten, die quasi online auf mich hereinströmen, sondern ich meine die, die ich schon als Kind richtig satt auf's Auge gedrückt bekommen habe. Weist Du, was ich damit sagen will?

Ja, ich denke ich weiß worauf Du hinauswillst.

Sie sind wie ein alter Kaugummi, in den Du auf der

Straße getreten bist. Er klebt an Deinem Schuh und wenn Du versuchst den abzuziehen, hast Du ihn stattdessen nur an den Fingern oder der Kleidung verteilt. Aber so richtig ab ist er nicht.

Diese Wahrheiten, von denen Du sprichst, sind in diesem Falle meist essentiellerer Natur. Es sind die, von denen Du Dich gar nicht wirklich trennen willst. Weil sie so tief sitzen, dass Du denkst, Du könntest Dich selbst, oder jemanden Dir sehr nahestehenden, damit schwer verletzen.

Ja, genau die Sorte meine ich. Der Punkt ist aber vielmehr, dass ich mich gar nicht traue, diese überhaupt anzugehen. Schon wenn ich es versuche, überkommt mich diese Angst.

Angst wovor?

Angst etwas, naja, sagen wir Verbotenes zu tun. Etwas, was mir gar nicht zusteht. So als würde ich einen Teil von mir oder meiner Ahnen dabei verraten. Also nehmen wir das klassische Beispiel vom Sohn, der das Familienunternehmen in fünfter Generation einfach nicht fortführen kann, weil es eben nicht seiner eigenen Vorstellung von sich und seiner Wahrheit entspricht. Gleichwohl hat dieses Unternehmen bereits viele seiner Ahnen glücklich gemacht und viele Jahre lang ernährt. Dieses *Geschenk* abzulehnen, ist für viele in dieser Situation oft nicht möglich.

Es ist eben weit essentieller, als eine Einladung zu irgendwas auszuschlagen. Vorväter und -mütter haben mir ihrem Schweiß und Blut dafür bezahlt, dass sie ihren Kindern diesen Stab weiterreichen konnten. Sie haben die Aufgaben geliebt und sind auch darin aufgegangen. Aber nun ist vielleicht jemand wie ich da und würde gerne sagen: „Danke, ich kann es leider nicht annehmen. Ich weiß aber, dass ihr mich trotzdem lieb habt. Ich schaffe es einfach nicht."

Du sprichst von Loyalität.

Ja, Loyalität bedeutet mir alles. Und nehmen wir an, es käme dann so eine Situation und ich muss mich entscheiden. Meine Wahrheit ist, ich bin loyal. Soweit so gut. Nun muss ich wählen. Bin ich mir gegenüber loyal, stehe ich gleichzeitig meiner Familie und damit meinen eigenen Wurzeln illoyal gegenüber. Ich müsste also loyal *und* illoyal sein. Ziemlich paradox. Ich kann ja nicht beides zur gleichen Zeit sein.

Bist Du je auf den Gedanken gekommen, dass auch Familientraditionen einem gewissen Wandel unterlegen sein könnten?

Unsinn. Dann wäre es ja keine Tradition mehr.

Nur die Veränderung besteht ewig. Es ist die Natur der Natur, sich zu verändern. Sich anzupassen, denn die ganze Welt ist ein sich ständig änderndes, komplexes System. In diesem Sinne kann es auch keine ewige Tradition geben. Der Stab von dem Du sprichst, verändert vielleicht seine

Form, aber der Staffellauf an sich bleibt doch der gleiche.

Ich meine, es ist vielleicht nicht die Manifestation eines Unternehmens mit Gebäuden, Arbeitsabläufen, Patenten und Menschen, die Dir von Deinen Vorfahren weitergegeben wird. Es sind vielmehr Deine Talente. Deine Art und Weise zu leben, Dinge wahrzunehmen oder zu gestalten. Vielleicht auch die Gabe Menschen mitzureißen und zu inspirieren.

Okay, mir dämmert langsam, was Du sagen willst.

Menschen neigen dazu, Dinge festhalten zu wollen und denken, wenn sie sie nicht ehren, wären sie selbst weniger wert. So messen sie natürlich auch den Wert des Geschenkes, das sie erhalten haben und das sie nun weitergeben wollen, genau an diesen Faktoren. Sie übersehen dabei leicht, dass es aber auch die immateriellen Werte sind, die ein Unternehmen ausmachen. Denk an die Firma, die Deine Urgroßmutter gegründet hat.

Ja, mein Gott Du hast ja recht. Das habe ich völlig aus dem Auge verloren. Es sind tatsächlich auch ganz viele solcher immateriellen Werte, die ich sozusagen vererbt bekommen habe.

Genau. Und die wirst Du auf keinen Fall ausschlagen, denn sie sind Dir bereits in Fleisch und Blut übergegangen, wenn ich das mal so sagen darf. Du hast Deine Version davon entwickelt und hast Dich von diesen Werten Deiner Vorfahren inspirieren lassen. Sie sind so zu eigenen Wahr-

heiten geworden, in dem Sinne, dass sie in Dir gewachsen sind. All dies ist die Tradition Deiner Vorfahren, die Du in diesem Falle auch sehr gerne übernommen hast. Es ist gar nicht nötig, den starren, in die Jahre gekommenen Überbau dieses „Unternehmens" zu übernehmen. Die Tradition lebt in diesem Falle im lebendigen Kern dieser Institution weiter.

Wow, so habe ich das noch gar nicht gesehen. Dann ist es also gar keine paradoxe Situation mehr.

Ist es nie gewesen. Du dachtest nur, sie sei es, also war sie es.

Ich weiß, ich weiß, meine eigene Wahrheit.

Ganz genau, Deine eigene Wahrheit.

5. Februar 2018

Irgendwie bin ich heute am Grübeln. Ich überlege mir schon seit langem, was ich von den sozialen Medien halten soll. Einerseits sind sie für mich wertvoll, weil ich so den Kontakt zu Menschen halten kann, die ich sonst kaum sehe. Andererseits, bin ich von mir selbst genervt, wenn ich mich wieder dazu hinreißen lasse, ständig da reinzuschauen. Zwar kann ich mich meist zurückhalten, überall meinen Senf dazuzugeben, aber ich ärgere mich sehr oft über die Ignoranz, die manche Zeitgenossen so an den Tag legen.

Ignoranz? Hast Du ein Beispiel?

Ja. Ich bin aktuell online in einer Gruppe für historische Nutzfahrzeuge, da ich mich eben für alte Laster interessiere. Und da bietet ein Gruppenmitglied aus Athen einen alten Daimler an und beschreibt ihn recht umfangreich. Unter anderem sind Bilder vom Motor dabei und er schreibt, dass dieser Lkw von einem V10-Motor befeuert wird.

Interessant. Eine tolle Maschine.

Auch auf den Bildern ist ganz klar an zwei Händen abzählbar, dass dieses Exemplar zehn Zylinder hat. Da wird der Verkäufer plötzlich von zwei Zeitgenossen schräg von der Seite „angemacht", dass das nicht sein könne, dass er keine Ahnung habe und wohl überhaupt die Leute nur über den Tisch ziehen wolle. Sie kennen Lkws diesen Typs nur mit V8-Motoren und daher sei es ziemlich unwahrscheinlich, dass das im vorliegenden Falle anders sein könnte.

Ich meine, das ist schon ein starkes Stück. Selbst wenn sie damit recht hätten, dass der Laster normalerweise mit einem anderen Motor ausgeliefert wurde, gibt ihnen das noch lange nicht das Recht, so über den Verkäufer herzuziehen. Schließlich ist es nach diesen Bildern Fakt, dass dieses Exemplar eben zehn und nicht acht Zylinder hat.

Ich merke schon, das macht Dich echt wütend.

Ja, das tut es. Denn es ist eine Sache, wenn ich einem Angebot vielleicht nicht traue oder ich mir denke „naja, den würde ich von diesem Zeitgenossen ganz bestimmt nicht kaufen". Aber es ist eine ganz andere Sache, Menschen aufgrund dieser Einschätzung öffentlich zu diffamieren.

Da gebe ich Dir recht. Warum glaubst Du tun sie das?

Die wollen sich halt wichtig machen und haben Spaß daran, andere in die Pfanne zu hauen.

Ich denke, da steckt noch mehr dahinter. Denk mal an unser Thema der letzten Tage.

Was meinst Du?

Na, die Wahrheit.

Was hat das denn wieder mit Wahrheit zu tun? Ich meine, die kennen diesen Menschen ja höchstwahrscheinlich nicht einmal persönlich, geschweige denn nehmen sie sich die Zeit sein Angebot in natura zu begutachten und dann erst ein Urteil zu fällen.

Eben. Ich rede ja auch nicht von der sich vordergründig darstellenden Wahrheit über diesen Lkw. Ich rede von der

Art und Weise, wie die beiden Skeptiker sich und den Verkäufer darstellen. Es geht mir darum, wie Menschen dieses an sich neutrale Netzwerk für ihre eigenen „zurechtgebogenen" Wahrheiten missbrauchen.

„Zurechtgebogen", na, das klingt ja vielversprechend ...

Immer mehr dieser sozialen Plattformen mutieren zu Bühnen, auf denen die einzelnen Teilnehmer gezielt Versionen ihrer Selbst inszenieren. Das an sich wäre ja noch nicht so schlimm, würden die anderen bemerken, dass es sich um eine Art Theaterstück handelt.

Ja, so kommt es einem manchmal auch vor. Aber gehst Du da nicht ein bisschen hart mit diesen Netzwerken ins Gericht?

Ich gehe überhaupt nicht mit ihnen ins Gericht. Ich stelle lediglich fest, dass immer mehr Menschen der Versuchung erliegen, Dinge zu posten, um dafür in irgendeiner Form Zuspruch zu erhalten. Wie im normalen Leben auch, ist es für die meisten Menschen wichtig, die Akzeptanz ihrer Umwelt zu erfahren. Wie wir in den vorausgegangenen Tagen bereits gemeinsam herausgefunden haben, hat dies oft auch damit zu tun, dass sie ihre Wahrheit von der Beurteilung anderer abhängig machen.

Du meinst sie sind selber unsicher und suchen Bestätigung?

Denk mal an den älteren Zeitgenossen aus unserem

Dschungelbeispiel. Ganz ähnlich verhält es sich auch hier. Vielleicht hätten sie ebenfalls gerne einen Lkw diesen Typs, können ihn sich allerdings aufgrund ihrer derzeitigen finanziellen Situation aber nicht leisten. Zugeben können sie dies ja schlecht, denn sicherlich lesen ihre realen Freunde ja mit.

Okay. Und wenn sie ihn schlecht machen, lenken sie davon ab, dass sie ihn gerne hätten, aber nicht bezahlen können.

Zum Beispiel. Es ist ein Leichtes in der Anonymität des Mediums Internet andere anzugreifen oder gar zu erniedrigen, nur um selbst vor seinen virtuellen Freunden und Freundinnen glänzen zu können.

Ja, das gibt es leider immer häufiger. Aber warum schreiben sie dann nicht einfach nichts, statt andere mit ihren Kommentaren zu verletzen?

Weil sie gerne wie ein Schauspieler in einer Bühnenshow brillieren. Die virtuelle Zustimmung, die sie dabei erfahren, ist die Droge, die sie antreibt immer weitere, inszenierte Bühnenbilder ihrer selbst zu generieren. Nur um noch mehr Applaus einzuheimsen.

Verstehe.

Am Anfang ging es vielleicht noch um den reinen Informationsaustausch. „Was machst Du so?" und „Wo bist Du gerade im Urlaub?". Nachdem andere diesen Beitrag aber

bewerten können, mutiert die als Kommunikationsmittel erdachte Plattform schnell zum Casting-Portal für jedermann.

Du denkst, es liegt an der Bewertungsmöglichkeit?

Dein Wahrheitsproblem liegt immer an Bewertungen anderer. Wären sie nicht der Maßstab, den Du Dir zu eigen machen würdest, hättest Du keines!

So richtig leuchtet mir das noch nicht ein.

In dem Moment, in dem Du weißt, dass andere Dich oder was Du tust bewerten, wirst Du Dich anders verhalten, als Du es normalerweise tun würdest. Sofern Du ein hundertprozentig gefestigter, in Dir ruhender Charakter wärst, was die wenigsten Menschen tatsächlich sind, wäre es Dir egal, was Deine Umwelt von Dir denkt. So aber verleiht Dir ihre Zustimmung die Aussicht auf einen damit verbundenen Nutzen oder schlicht die Akzeptanz, die Dir im wahren Leben vielleicht fehlt.

Ja, das hatten wir schon mal.

Es verhält sich ähnlich wie mit den sprichwörtlich gewordenen Kollektivwahrheiten, die sich als Höflichkeitsstandards etabliert haben. Sie sind die Richtschnüre, an denen sich die meisten Menschen insgeheim ausrichten. Genau das findet auch hier statt. Die Gesellschaft hat ein gewisses Bild davon, wie Menschen sein sollten, wenn sie erfolgreich, begehrenswert oder prominent sind. Diesem Ideal eifern die meisten nach.

Das heißt, sie machen nicht einfach ein Urlaubsfoto und posten dieses um der Information willen?

Ich bitte Dich. In dem Moment, würdest Du das doch auch nicht tun.

Naja, ich würde vermutlich gar keines hochladen. Aber gesetzt den Fall ich würde es tun, würde ich mir schon Gedanken machen, ob das Bild gut ist. Schließlich würde ich nicht wollen, dass meine Freunde denken, „mein Gott, wo ist der nur wieder abgestiegen". Ich würde schon darauf achten, dass es ein möglichst perfekter Bildausschnitt ist.

Ganz genau.

Naja, und sicher würde ich auch keines nehmen, dass von der Qualität her schlecht ist, schließlich habe ich ja eine gute Kamera und ich käme mir blöd vor, wenn die anderen denken würden, ich wäre unfähig damit umgehen zu können.

Ähm ...

Ich liebe eben gute Naturfotos und meine Freunde lieben die auch, zumindest liken sie sie dann.

Merkst Du was?

Wie, was soll ich denn merken? Ich will doch nur einfach gute Bilder einstellen. Bessere jedenfalls als manch anderer, der einfach nur ein unscharfes Bild von seinem letzten Essen postet.

Du vergleichst.

Ich vergleiche?

Ja, Du bist schon mittendrin im Bewertungsprozess. Du nutzt dieses Netzwerk nicht mehr um Informationen auszutauschen, sondern Du nutzt es, um eine möglichst perfekte Version Deiner Wahrheit, also Deiner Sichtweise darzustellen.

Naja, komm. Macht das nicht jeder?

Darum geht es nicht. Es geht nicht darum, dass ich beurteile, ob Deine Bewerterei gut oder schlecht ist. Es geht darum, dass diese Bewertungsmaschinerie dazu führt, dass immer mehr Menschen ihre persönliche Wahrheit so verbiegen, dass andere ein Daumen-hoch-Symbol darunter setzen. Sie beginnen eine Art Parallelwahrheit aufzubauen, die wiederum andere dazu veranlasst, noch eins draufzusetzen. Das schafft mit der Zeit jede Menge Frustration, denn die Grenzen werden dabei so hoch geschoben, dass sie im realen Leben gar nicht mehr erreichbar sind. Wenn man sie denn überhaupt je hätte erreichen wollen.

Stimmt schon, das schaukelt sich manchmal ganz schön hoch.

Es ist der „Schwanzlängenvergleich" mit anderen, entschuldige bitte den derben Ausdruck, der hier in den Mittelpunkt rückt und nicht mehr die Botschaft oder das Bild an sich: „Ich bin besser als Du und verdiene daher mehr Anerkennung".

Du, ich denke aber die meisten Menschen können schon klar zwischen dieser virtuellen und der realen Welt unterscheiden.

Na klar. Und deshalb kommt es auch dazu, dass immer häufiger Autos in Teichen oder mitten im Wald landen, nur weil ihnen ihr Navi vorgegaukelt hat, der Weg würde dort noch weitergehen. Und die haben neben dem kleinen virtuellen Bildschirminhalt sogar noch die große reale Windschutzscheibe vor Augen.

Vielleicht hast Du recht. Es wird schon immer kurioser.

Noch viel problematischer erweist sich dieser Trend für den Nachwuchs, der im Gegensatz zu vielen Erwachsenen die Welt „da draußen" noch gar nicht zu hundert Prozent kennengelernt hat.

Denkst Du also, dass die sozialen Medien in ihrer gegenwärtigen Form mir in irgendeiner Weise schaden?

Denkst Du es denn?

Mich nerven ja nur die ständigen blöden Kommentare und auch, dass ich mich selbst oft dabei erwische, mich über die Anzahl der Likes zu einem meiner Beiträge zu freuen. Oder manchmal enttäuscht bin, wenn keiner meinen Post zur Kenntnis nimmt.

Es ist ein bisschen wie in der Hundeerziehung. Macht der Hund das, was Herrchen oder Frauchen gerne sehen möchte, gibt's eine Belohnung. Wenn nicht, geht der Arme leer aus oder wird schlimmsten Fall sogar gemaßregelt.

Ich frage Dich allen Ernstes: Denkst Du wirklich, dass ein solches Umfeld dem Auffinden und Ausleben Deiner eigenen Wahrheit zuträglich ist?

Wenn Du so fragst, dann wohl eher nicht.

Das Problem, dass hinter all dem steht ist die Tatsache, dass Deine eigene Wahrheit sich nicht mit denen anderer vergleichen lässt. Es gibt niemanden, der sich exakt in der gleichen Lebenssituation wie Du befindet. Welchen Sinn sollte es also machen, Deine Wahrheit mit der Wahrheit, die er oder sie über Dich parat hat, zu vergleichen?

Vermutlich keinen.

Und dennoch tust Du dies täglich.

Was schlägst Du vor? Ich meine, irgendwie kann ich mich da ja nicht rausnehmen und einfach aussteigen. Diese Technik gehört ja mittlerweile zum modernen Lebensstil dazu.

Was hindert Dich daran, diese Netzwerke wieder in dem Sinne zu nutzen, wie sie ursprünglich erdacht waren? Was hindert Dich daran, selbst keine Bewertungen oder zumindest respektvollere Bewertungen abzugeben, sofern es sich gar nicht vermeiden lässt? Was hindert Dich daran, mehr auf Deine innere Stimme zu hören, als auf das, was andere als toll erachten?

Meine Gewohnheit schätze ich.

Zeit, mit diesen Gewohnheiten aufzuräumen, meinst Du nicht?

6. Februar 2018

Fremde Wahrheiten wohin Du auch schaust. Von Kindesbeinen an ist man ihnen ausgeliefert. In der Schule, im Berufsleben und selbst im Internet werden sie mir „um die Ohren gehauen". Ganz große Klasse.

Nimm's nicht so tragisch. Du weißt ja inzwischen, wie sie ticken und was sie mit Dir anstellen, wenn Du ihnen den nötigen Freiraum einräumst.

Das ist genau der Punkt. Ich bin mir da noch nicht so sicher, dass ich schon fit genug bin, den schlimmsten Wahrheiten aus dem Weg gehen zu können.

*Das ist oft gar nicht nötig. Außerdem umgeben sie Dich, sodass Du ihnen streng genommen gar nicht **aus dem Weg gehen** kannst. Sie sind ja Teil Deiner Umwelt, so wie Du auch.*

Eben, das ist es ja. Ich denke zwar, dass ich die Eckpunkte von dem, was Du mir über meinen Umgang mit Wahrheiten erklärt hast, schon kapiert habe.

Aber?

Ich würde mich sicherer fühlen, wenn ich vielleicht so etwas wie eine Anleitung zur Hand hätte. Ich meine nur für den Fall, dass ich sie brauche.

Okay. Dann lass uns loslegen.

Ja, das wäre gut. Wo fangen wir an?

Wie immer bei Dir. Erinnerst Du Dich an Dein Steckmännchenmodell, dass seit fast zehn Jahren in Deiner Schreibtischschublade schlummert?

Ja. Ich hatte es damals als Modell für die „energetischen Vorgänge" im zwischenmenschlichen Bereich ausbaldowert. Es ist so herrlich einfach und jeder kann sich's gut vorstellen.

Schade, dass Du es bislang keinem gezeigt oder erklärt hast.

Passte irgendwie nicht. Du meinst, wir können es für unsere „Bedienungsanleitung" benutzen?

Ich denke, es würde gut passen. Vielleicht kannst Du es kurz in ein paar Sätzen erklären.

Gerne. Es ging mir wie gesagt darum, zu veranschaulichen, was im Einzelnen zwischen Menschen abläuft, wenn sie einander begegnen, zusammen arbeiten oder leben. Dazu kann man sich ganz leicht vorstellen, dass unser direktes Umfeld vereinfacht einem kleinen, rechteckigen Spielfeld entspricht. Und zwar einem, welches wir in meiner Kindheit gerne unterwegs benutzt haben. Da es der Hersteller für den mobilen Einsatz ersonnen hatte, waren die Spielfiguren nicht wie bei Brett- oder Tischspielen an der Unterseite flach. Sie hatten stattdessen einen kleinen Zapfen, mit dem man sie in vorgesehene Löcher auf dem Spielfeld stecken konnte. So konnten sie im Auto während der Fahrt auf dem Rücksitz nicht verrutschen oder herausfallen.

Vielleicht hier mal ein Bildchen von den Figuren.

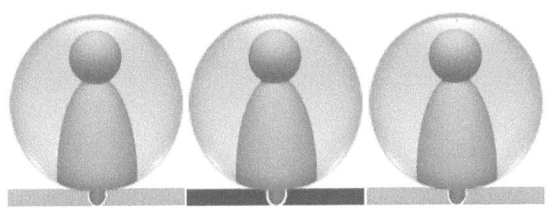

Abb. 1 – Harmonische Ausgangssituation (Seitenansicht)

Genau, danke Dir. Wir selbst sind also in dem Modell auch ein Steckmännchen, zum Beispiel das in der Mitte. In einem gewissen Abstand stecken weitere Mitspieler aus unserem Umfeld, also Familienmitglieder, Geschwister, Freunde oder Kollegen.

In der Grundaufstellung haben wir alle den gleichen Entfaltungsspielraum. Wir sind gewissermaßen „in unserer Mitte" und befinden uns an dem Platz, der uns gut tut. Jedes Steckmännchen umgibt eine transparente, durchsichtige Luftballonhülle, so würde ich das jetzt mal beschreiben. Sie ist dehnbar und flexibel. Zumindest bis zu einer gewissen Größe. Diese Hülle symbolisiert unseren energetischen Wirkungskreis.

Lass uns diesen doch einfach für unsere Wahrheiten und deren Wirkungskreis heranziehen.

Gute Idee. Die Hülle steht in unserem speziellen „Wahrheitssteckmännchenmodell" also für unseren eigenen Wahrheitsraum. Sozusagen die Hülle um meine eigene

Wahrheit. Natürlich bin ich ja, wie im richtigen Leben auch, noch umgeben von einer Vielzahl anderer Menschen und deren Wahrheiten.

Und das sähe dann so aus ...

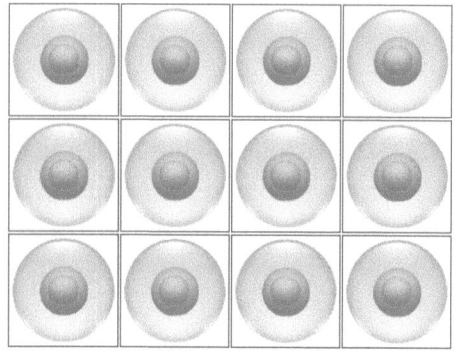

Abb. 2 – Harmonische Ausgangssituation (Draufsicht)

Exakt. Tatsächlich sind das in Wirklichkeit noch viel mehr Menschen mit ihren Wahrheiten. Am Anfang, oder unter der Voraussetzung, dass jeder seine eigene Wahrheit gefunden und die der anderen respektiert, sähe das Spielfeld also wie in Abbildung zwei dargestellt aus. Alles schön harmonisch, keiner schlägt über die Stränge.

Komm, lass uns ansehen was passiert, wenn Menschen sich wie in unserem Beispiel aus den sozialen Medien im letzten Kapitel verhalten.

Okay, mal sehen ob ich das mit meinem Modell auch darstellen kann.

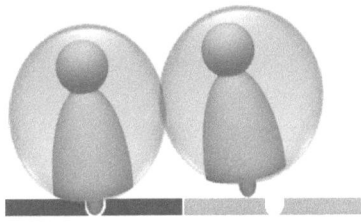

Abb. 3 – Onlinebewertung (Bewerteter links, Bewerter rechts)

Die Herren von denen ich sprach, hatten ja den Verkäufer des Lkws in der Form angegriffen, dass sie behaupteten, sein Angebot, also seine Wahrheit über den Laster, den er verkaufen wollte, stimme nicht. Es wäre unmöglich, dass die Fakten hinsichtlich des Motors so korrekt sein könnten, obwohl ja sogar fotografische „Beweise" vorlagen.

Aus ihrer mutmaßlichen Unsicherheit oder dem Drang einer idealisierten Selbstdarstellung heraus, rutschten sie aus ihrem Löchlein, da die *Wahrheit* die sie hier von sich gaben, ja nicht die ihrige war. Sie versuchten einen Sachverhalt darzustellen, von dem sie schlicht keine Ahnung hatten, denn sie waren sicher nie in Athen gewesen und hatten sich demzufolge auch kein persönliches Bild des dort angebotenen Lkws vor Ort machen können. Dennoch versuchten sie den Anschein fachkundiger Interessenten zu erwecken. Sich selbst eben fähiger darzustellen, als der Anbieter. Sie wollten sich über ihn stellen, ihn der Lächerlichkeit preisgeben in der Absicht, dadurch Zuspruch seitens virtueller Freunde und Sympathisanten einzuheimsen. Eventuell sogar den Preis drücken oder dem Verkäufer schlicht das Geschäft versauen.

Durch ihre wertenden Kommentare, übten sie also mittels ihrer Wahrheitshülle Druck auf den Verkäufer aus, um diesen auch aus seiner „Mitte" zu bringen. Was meinst Du, kann man das so sagen?

Genau so ist es. Es ist bemerkenswert, dass der Mechanismus auch in der Realität genau so funktioniert. Die fehlende oder vorgespielte Selbstsicherheit führt dazu, dass Menschen Dinge tun, die eigentlich gar nicht ihrer Wahrheit entsprechen. Sie verlassen damit ihre Position der Selbstsicherheit, sodass ihr Steckmännchen aus der Halterung rutscht.

Sie bemerken den Verlust dieses Sicherheitsgefühls, kommen aber in der ersten Schrecksekunde nicht auf die Idee, zurückzurudern. Stattdessen versuchen sie, auch andere davon zu überzeugen, ihre angestammte, sichere Position zu verlassen. Getreu dem Motto, geteiltes Leid ist halbes Leid.

Aber dabei hätten sie das gar nicht nötig.

Stimmt genau. Es wäre für alle Beteiligten sinnvoller, sich in erster Linie mit der eigenen Entwicklung zu beschäftigen, statt andere zu schwächen und zu versuchen, daraus mehr Selbstsicherheit generieren zu können.

Wenn wir also an unsere Abbildung drei zurückdenken, so kann es nun passieren, dass durch diese „Wahrheitsattacke" etwas unsichere Figuren sich vielleicht vom Impuls der Anstupser mitreißen lassen. Wenn dies geschieht, passieren zwei Dinge: In einem ersten Schritt wird die eigene Hülle gestaucht. Das geht so lange gut, bis deren Elastizität nicht mehr ausreicht, um den Druck zu kompensieren und das eigene Männchen gerät ebenfalls aus der Spur. Kannst Du das bitte nochmal für unser Wahrheitsmodell erklären?

Klar. Dir ging es doch schon oft genauso. Weil andere Dich mit ihrer Wahrheit bedrängen, verbiegst Du Dich zum Beispiel aus Angst oder Höflichkeit so weit, dass Du selbst ins Wanken gerätst. Denk an Dein Beispiel mit der Einladung, die Du eigentlich gar nicht hättest annehmen wollen.

Ja, genau.

In diesem Falle wäre die Darstellung zwar noch etwas komplexer, weil auch noch andere, prägende Menschen mit in dieses Modell aufgenommen werden müssten, aber vom Prinzip her liefe es auf das Gleiche hinaus.

Wie könnten wir das Modell jetzt dahingehend nutzen, um zu erklären, was in so einem Falle zu tun ist. Also, was müsste geschehen, um den Fall der Selbstsicherheit im Umgang mit der eigenen Wahrheit darzustellen?

Ganz einfach. Eine stärkere Selbstsicherheit in Bezug auf wer und was Du bist und was demzufolge Deine Wahrheit ist (und was nicht), entspräche in Deinem Modell einer verstärkten Hülle.

Stell Dir vor, das bedrängte Steckmännchen wäre nicht nur in seiner eigenen Position gestärkt, sondern es würde zudem über eine dickere, nicht ganz so elastische Hülle verfügen. Was würde passieren?

Naja, nachdem diese Hülle nicht so stark wie eine weiche deformiert werden kann, hätte der „Angreifer" wohl kaum eine Chance, mich aus meinem Steckmännchengleichgewicht zu bringen. Seine Hülle würde sich beim Versuch, mich aus meiner Bahn zu bringen, stärker verformen als meine, und der Schuss ginge vermutlich nach hinten los.

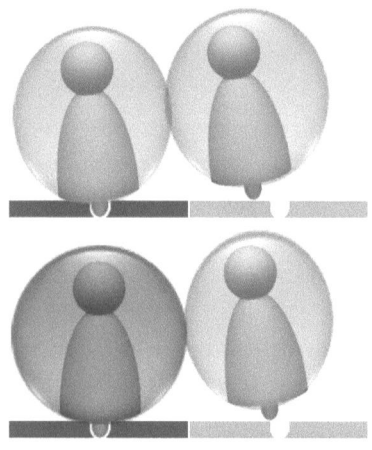

Abb.4 – Ungleichgewicht (oben), Festigung der Hülle (unten)

Genau. Die Kraft würde nicht ausreichen, um Einfluss auf Deine Wahrheit zu nehmen. Dein Modell zeigt in diesem Punkt ganz nebenbei genau das, was ich Dir zu Beginn unserer Unterhaltung bereits gesagt hatte. Wenn Du etwas ändern willst, so ist es nicht notwendig, das Verhalten anderer zu ändern. Es ist lediglich nötig, Deine Sicht der Dinge, also Deine eigene Wahrheit, zu festigen. Dies ist genau das Mittel der Wahl, um Deine Hülle im Modell zu stärken.

Wie mache ich das genau? Also, wir hatten das Thema ja bereits, als Du mir erklärt hast, woran ich erkennen kann, dass eine Wahrheit vielleicht nicht die meine ist.

Dein Bauchgefühl zeigt Dir genau dies an. Im Modell entspräche das der „Bedrängnissituation" in Abbildung vier. Dein Körper, also hier der Steckmännchenrumpf, gibt Dir eine Rückkopplung darüber, dass die Wahrheit anderer Deine eigene „bedrängt". Es fühlt sich irgendwie nicht gut an. Du erinnerst Dich?

Ja, genau.

Wenn Du dies wahrnimmst, wäre es an der Zeit herauszufinden, was genau dieses Unwohlsein in Dir auslöst. Finde heraus, wo es herkommt.

Wie kann ich das konkret machen? Ich meine, nur für das Protokoll unserer Anleitung.

Such Dir einen Ort, an dem Du zur Ruhe kommen kannst. Idealerweise draußen in der Natur. Wenn Du Wut emp-

findest oder ständig auftauchende Alltagsgedanken Dich stören, lass sie los.

Toll, ein bisschen genauer wäre schon gut. Wie lasse ich denn Gedanken los?

Zum Beispiel, in dem Du Schritt für Schritt in den Wald hineingehst. Mit jedem Schritt atmest Du Ruhe ein und Unruhe aus. Du stellst Dir vor, wie die Gedanken die aufkommen, an Luftballons gebunden, davonfliegen. Oder Du verwendest ein anderes Bild in Deinem Geiste, das für Dich stimmiger ist. Das machst Du einfach so lange, bis Du merkst, dass Du ruhiger wirst.

Gut, soweit kann ich Dir folgen.

Wenn Dich Dinge belasten, die Du gedanklich mit Dir herumträgst, so stell Dir vor, Du würdest sie mit einem Rucksack auf Deinem Rücken tragen. Mach gedanklich ein Loch in diesen Rucksack, sodass dieser geistige Ballast mit jedem Schritt herausrieselt, wie feiner Sand. Schritt für Schritt wird es leichter. Solange, bis Du ihn am Ende gar nicht mehr spürst.

Und wenn ich so richtig wütend bin?

Gib denen auf die Du wütend bist die Wut zurück, in dem Du Dir vorstellst, Du würdest ihnen diese Wutenergie sagen wir in „gereinigter Form" zurückgeben. Gleichzeitig vergibst Du Dir und ihnen im Geiste, dass es zu dieser Situation kommen konnte, welche Dich wütend gemacht hat.

Wichtig hierbei ist, dass dieses Verzeihen nichts damit zu tun hat, dass Du im Nachhinein tolerierst oder gar gut heißt, was sie getan haben. Es bedeutet lediglich, dass Du Dich von dieser Situation, die Dich belastet, lossagst. Du durchtrennst quasi die Verbindung zur Quelle dieser Wutenergie. Lass uns das an anderer Stelle noch vertiefen, aber für unsere kurze Anleitung soll dies erst einmal genügen.

Gut, ich bin jetzt einige Zeit im Wald spazieren gegangen und habe mein Hirn ausreichend „gelüftet". Die Gedanken und Probleme aus meinem Alltag sind etwas heruntergedimmt. Was mache ich jetzt?

Suche Dir einfach ein ruhiges Plätzchen, an dem Du Dich wohlfühlst. Geh vielleicht ein paar Schritte in den Wald hinein und setze Dich auf einen Baumstumpf. Genieße die Ruhe und komm weiter zu Dir.

Bin soweit. Kann weitergehen.

Wenn Du nun an das denkst, was das Unwohlsein in Dir hervorgerufen hat, was kommt Dir dann spontan in den Sinn? Wo spürst Du dieses Unwohlsein körperlich?

Naja, ich bin einfach stinkwütend, daher habe ich richtig Wut im Bauch. Ich meine, ich fühle es am meisten in der Bauchregion.

Gut, dann konzentriere Dich darauf und achte, was passiert. Lass dabei einfach Deinen Blick in die Umgebung schweifen und hör auf, Dich mit Deinem Verstand auf die

Wut oder die Situation zu konzentrieren. Es ist nicht wichtig, was Du denkst. Es ist viel wichtiger was Du fühlst und wahrnimmst.

Okay. Ich merke, dass ich irgendwie ruhiger werde, aber es ist ganz ungewohnt für mich, die Dinge nicht mit dem Kopf angehen zu können.

Aber gerade der ist es, der Dir in solchen Situationen oft im Wege steht. Dein Kopf ist nicht der Wegweiser zu den Informationen, die Du in diesem Moment gerne hättest. Es ist notwendig, sich aus der Gedankenwelt zu verabschieden, um in die Gefühlswelt eintauchen zu können.

Verstehe. Du meinst, der Gedankenfluss behindert das, was ich eigentlich will.

Er verhindert in dieser Situation die Fähigkeit, Deinen Fokus nach innen zu richten, ohne den störenden Filter der Fremdwahrheiten. Es ist ein bisschen so, als würdest Du versuchen, durch ein Fernglas etwas in Deiner näheren Umgebung zu betrachten. Es wird Dir nicht gelingen, da das Rädchen, mit dem Du die Schärfe einstellen kannst, sich nicht so weit drehen lässt, wie es für ein klares Bild notwendig wäre.

Ah, jetzt hab ich's. Auf diese Weise gelange ich an meine eigenen Wahrheiten, die mir sonst durch die Fremdwahrheitenüberlagerung außerhalb meiner „Ballonhülle" verborgen bleiben.

So ist es. Dies ist eine Möglichkeit, wie Du Dich Deiner eigenen Wahrheit nähern kannst. Sie wird sich Dir in gedanklichen Bildern, plötzlich auftretenden, völlig klaren Gedankenfetzen oder Gerüchen und damit verbundenen speziellen Erinnerungen zeigen. Sie wird einfach spontan da sein und Du wirst wissen, dass sie es ist.

Und woher weiß ich das? Wie kann ich mir da sicher sein?

Es wird sich gut anfühlen.

Das ist alles?

Das ist alles.

16. Februar 2018

Ich habe über unsere Unterhaltung die letzten Tage nachgedacht. Es ist schon verrückt, was dieses Wahrheitsding mit mir macht. Aber eins ist mir noch nicht ganz so klar.

Was denn?

Ich meine gut, es hat schon einen gewissen Einfluss auf

mein Leben. Und ich kann dann vielleicht stressfreier leben, wenn ich es schaffe *bei mir* zu bleiben. Also bei meiner eigenen Wahrheit, gut. Aber lohnt denn der Aufwand? Was ist schon ein bisschen Stress?

Es geht nicht um ein bisschen Stress. Es geht um Dein Leben.

Na, so krass würde ich das jetzt auch wieder nicht sagen. Die Wahrheiten der anderen bringen mich ja nicht um.

Die Wahrheiten anderer nicht, aber eine verzerrte Sicht auf Deine eigene.

Eine „falsche Sicht" auf meine Wahrheit kann tödlich sein?

Natürlich.

Du meinst das ernst oder ist das einer Deiner Späße?

Kein Spaß, es ist so, wie ich sage. Deine Überzeugung bestimmt das, was Du glaubst. Sie hat also auch eine gewisse Wirkung darauf, was Du hoffst. Und ganz bestimmt hat sie eine direkte Auswirkung darauf, was Du weißt.

Du sprichst heute in Rätseln.

Deine Sicht auf die Dinge ist Grundlage für die Lebensentscheidungen, die Du triffst und damit auch für den Weg, den Du im Leben gehst. Jeden Tag, jede Stunde, jede Minu-

*te und jede Sekunde triffst Du Entscheidungen. Entschei-
dungen darüber, wie Dein Leben verläuft.*

Moment mal. Ich treffe doch nicht so viele Entscheidungen, von denen ich überhaupt nichts mitbekomme.
Was für Entscheidungen sollen denn das sein?

Oh doch, das tust Du. Dein Unterbewusstsein tut es.

Du willst sagen, ich treffe unbewusst Entscheidungen,
von denen ich gar nichts weiß?

*Ja, aber lass uns erst kurz auf die Entscheidungen zurück-
kommen, die Du bewusst triffst, bevor wir uns über die
unbewussten unterhalten.*

*Kannst Du Dich noch an Deinen Kindheitstraum erin-
nern? Von ganz klein an, hast Du Dich für große Laster
interessiert und hattest diesen Wunsch.*

Stimmt. Ich wollte damals unbedingt Lastwagenfahrer
werden. Ein Kindheitstraum. Alles in meiner Kindheit
drehte sich um dieses Thema.

Und warum bist Du's nicht geworden?

Blöde Frage! Hast Du Dir mal die Arbeitszeiten und
Verdienstmöglichkeiten angesehen. Fahren rund um die
Uhr, keine Parkplätze, kaputter Rücken und dann noch
den Druck durch die Dispo. Das ist doch kein Zucker-
schlecken.

Ja, aber das ist nicht die Antwort auf meine Frage. Was ist passiert, dass Du Dich anders entschieden hast?

Naja, ich ging in die Grundschule und irgendwann kam der Zeitpunkt der Entscheidung: Gymnasium oder nicht. Alle meine besten Freunde entschieden sich fürs Gymnasium, also dachte ich mir, da geh' ich eben mit.

Du hast Deine Schulwahl von der Deiner Kumpels abhängig gemacht?

Nicht nur. Meine Eltern waren auch der Ansicht, dass es besser für meinen Lebensweg sei, wenn ich aufs Gymnasium gehe und zack, da war ich.

Aha.

Was aha? Du meinst doch nicht ernsthaft, dass ein Kind mit zehn Jahren schon in der Lage ist zu überblicken, was gut für die eigene Karriere ist oder nicht? Ich dachte halt, ich kann das ja mal machen. Wenn ich mein Abitur in der Tasche habe, kann ich immer noch entscheiden, ob ich ins Transportgewerbe einsteigen möchte oder nicht.

Und. Hast Du Dich entschieden als Du das Abiturzeugnis in der Hand hattest?

Na klar. Ich wollte erst einmal studieren. Und nach dem Studium ging es dann auch nicht mehr. Ich konnte ja schlecht mit meinem Diplom unterm Arm zu einer Spedition gehen und sagen, so ich bewerbe mich jetzt als Lkw-Fahrer. Die hätten mich damals sicher in die Psychiatrie einweisen lassen.

Was hat Dich davon abgehalten, es zumindest auszuprobieren? Du hättest sicherlich nach dem Studium ein paar Monate Diesel schnuppern und die Welt kennenlernen können.

Hätte ich. Aber ich hatte zu diesem Zeitpunkt auch schon einen Arbeitsvertrag in der Tasche und mein damaliger Chef wollte mich so schnell wie möglich in der Firma haben. Ich hatte Angst, ihn zu verärgern oder irgendwie als undankbar dazustehen. Also, habe ich sofort dort angefangen.

Worauf willst Du eigentlich hinaus? Denkst Du, mein Leben wäre als Trucker irgendwie besser verlaufen?

Käme mir gar nicht in den Sinn, aber ich halte mal fest: Du hast wichtige Lebensentscheidungen davon abhängig gemacht, was andere gesagt oder getan haben. Deine Freunde gingen aufs Gymnasium und Du wolltest sie nicht verlieren. Du hattest Angst davor, in eine neue Klasse ohne Deine Freunde gehen zu müssen. Also hast Du den Weg des geringeren Widerstandes gewählt, ohne überhaupt ernsthaft darüber nachzudenken, was Du wirklich willst. Selbst wenn Du danach zum gleichen Ergebnis gekommen wärst, Du hast es nicht getan.

Ja, das stimmt. Ich kann mich nicht daran erinnern, dass ich wirklich darüber nachgedacht habe.

Als Du auf dem Gymnasium warst, waren Laster noch immer Deine Leidenschaft, aber jeder dem Du von Deinem heimlichen Berufswunsch erzählt hast, hat Dir verbal über den Kopf gestreichelt und Dir gesagt, dass Abiturienten in aller Regel keine Lastwagen durchs Land chauffieren. Und für Dich war das okay.

Stimmt ja auch irgendwie oder?

Die meisten Deiner Mitschüler hatten große Pläne und hielten danach Ausschau, auf welchem Campus sie ihre Studienzeit verbringen wollten. Und was war mit Dir?

Ich habe versucht, mich in dem Studienführer irgendwie wiederzufinden, den uns der Berater vom Arbeitsamt bei seinem Vortrag in die Hand gedrückt hatte. Ich wollte auch meine Eltern nicht enttäuschen, schließlich hatten sie viel Zeit und Geld in meine Ausbildung investiert. Ich arbeitete gerne mit den Heimcomputern der ersten Generation, also dachte ich, dass irgendetwas in dieser Richtung bestimmt nicht verkehrt sein könnte. Und die Verdienstaussichten waren auch nicht schlecht.

*Aber was wolltest **Du** damals wirklich?*

Ich muss gestehen, die Frage kam mir früher in dieser Tiefe nicht in den Sinn. Ich war irgendwie zufrieden, wenn es die anderen waren. Und sei doch mal ehrlich: Wirtschaftsinformatiker, das klingt doch nach einem Traumjob oder?

War es Dein Traumjob?

Dachte ich zumindest. Weißt Du, ich bin da irgendwie so reingerutscht. Da war die Idee, meine Umwelt war begeistert, also dachte ich, bin ich's auch. Und schwupps, war ich mittendrin. Irgendetwas abbrechen, nur weil man sich nicht hundertprozentig gut mit der Entscheidung fühlt, ließ mein Ego nicht zu.

Kam es Dir nie in den Sinn, dass es vielleicht daran liegen könnte, dass es nicht Deine Berufung war, der Du da gefolgt bist? Ich meine, selbst als es Dir nach den ersten drei Berufsjahren auch körperlich richtig schlecht ging, hast Du diese Entscheidung nie angezweifelt.

Stimmt. Leider. Gut, hinterher ist man immer schlauer. Aber Trucker wäre ja auch nicht das Nonplusultra gewesen, schließlich sitze ich jetzt hier und habe endlich das gefunden, was mir wirklich Spaß macht. So schlecht kann die Entscheidung ja dann doch nicht gewesen sein.

Das ist gar nicht der Punkt. Ich kann und will Deine Entscheidung, oder besser gesagt diese ganze Entscheidungskette, gar nicht beurteilen. Ich wollte Deine Aufmerksamkeit nur darauf lenken, wie stark Dein Leben, beziehungsweise Dein eigener Lebensweg davon abhängig ist, wie Du Dich entscheidest.

Ja, das ist wohl wahr. Das Leben geht schon manchmal seltsame Wege.

Umwege in diesem Fall, um genau zu sein. Und die gehst Du vor allem dann, wenn die Grundlage Deiner Entscheidung nicht Deine eigene Wahrheit, sondern die der anderen ist.

Langsam verstehe ich, was Du zu Beginn meintest. Es gibt im Leben immer viele Wege, um ans Ziel zu gelangen. Mein eigenes Wahrheitssystem hilft mir zielsicher, die für mich sinnvolleren von den eher unvorteilhaften Wegen zu unterscheiden. In dem Moment allerdings, in dem die Wahrheiten anderer mein inneres Navigationssystem beeinflussen, laufe ich Gefahr, an der einen oder anderen Weggabelung „falsch" abzubiegen. Oder mit anderen Worten, eine für meine eigene Entwicklung zumindest suboptimale Entscheidung zu treffen.

Bingo!

Du sprachst vorhin noch von unbewussten Entscheidungen, die ich tausendfach am Tag treffe. Was hat's mit denen auf sich?

Nun, Deine Berufswahl zum Beispiel triffst Du ja mehr oder weniger bewusst. Du entscheidest Dich, Wirtschaftsinformatiker zu werden, also gehst Du an die Universität und schreibst Dich dort ein. Du erinnerst Dich sicherlich, oder?

Ja. Ich kann mich noch lebhaft an den Tag erinnern, als ich mit vielen anderen Kommilitonen vor der Studentenkanzlei habe warten müssen. Alles war neu und aufregend.

Weißt Du auch noch, wie Du das vorletzte Mal das Kupplungspedal Deines Autos betätigt hast, als Du vorhin zum Einkaufen gefahren bist?

Nein, natürlich nicht! Was soll diese merkwürdige Frage?

Na, Du hast unbewusst entschieden, dass in dieser Sekunde der richtige Zeitpunkt war, auszukuppeln, den nächsten Gang einzulegen, einzukuppeln und wieder Gas zu geben. Es war vielleicht eine unbewusste Entscheidung, aber für Dein Gehirn eine Entscheidung wie jede andere auch.

Ach so, verstehe. Mit unbewussten Entscheidungen meinst Du all die kleinen Automatismen, die den ganzen Tag so ablaufen. Wie der Akt des Autofahrens, des Gehens oder auch des Essens.

*Genau diese Art von Entscheidungen meine ich. Sie sind auf den ersten Blick so **banal**, dass sie Dir gar nicht bewusst sind. Du erledigst sie einfach nebenbei und kannst Dich gleichzeitig auch auf andere Dinge konzentrieren.*

Nichtsdestotrotz sind sie aber für Dein Leben wichtig. Du triffst so übrigens über 95 Prozent Deiner Entscheidungen in einer Art von Autopilotenmodus.

Wahnsinn. Du willst damit sagen, dass ich nur knapp fünf Prozent meiner Entscheidungen bewusst fälle?

Ja, und ich muss Dir sagen, dass selbst das nur fokussier-
ten Menschen gelingt. Der Durchschnitt ist hier noch weit
unter diesem Wert. Kannst Du Dir nun vorstellen, welche
Auswirkungen Dein Wahrheitsbild auf diese Art von Ent-
scheidungen hat?

Du meinst, wenn es mir eher schlecht als recht gelingt,
meine bewussten Entscheidungen wahrhaft zu treffen,
was geschieht dann erst im Falle der unbewussten Entscheidungen? Sind diese denn genauso von meinem eigenen Wahrheitsempfinden abhängig?

Gegenfrage: Ist der Papst katholisch?

Ich hätte es wissen müssen. Aber so schlimm kann's
doch wohl nicht sein. Wenn ich zum Beispiel esse, dann
esse ich, was soll irgendeine Form der Wahrheit daran
bitteschön ändern?

Gutes Beispiel. Erinnerst Du Dich an Deinen Urgroßvater?

Klar. Wir wohnten ja in meiner Kindheit direkt im Haus
gegenüber. Ich habe ihn als kleiner Junge also jeden Tag
sehen können.

Er hatte die Angewohnheit, dass er den Tag immer mit
Bratkartoffeln begann. Rohe, kleine Kartoffelstückchen in
viel guter Butter kross gebraten. Und das Ganze in aller
Hergottsfrühe.

Ja, ich erinnere mich. Also, ich hätte das morgens nicht

essen wollen. Soll ja auch nicht wirklich gesund sein. Aber er hat immer gesagt, „Junge, gesund ist immer das, was dir schmeckt".

Genau. Das war seine unerschütterliche Wahrheit, über den unbewussten Vorgang des Essens und die Wahl seines Früh-stücks. Er hatte noch keine zwanzig Fernsehsender oder gar 2.473 virtuelle Freunde, die ihn hätten eines Besseren be-lehren können. Er war davon überzeugt, dass die Art und Weise was, wie und wann er frühstückte, ihm Kraft für den Tag verlieh. Und zu schmecken schien es ihm auch, sonst hätte er es wohl nicht so oft gegessen.

Muss wohl so sein.

Und? Hat es ihm geschadet? Ich meine in dem Sinn, dass er Magenprobleme, zu viel Körperfett, Arteriosklerose oder ein Cholesterinproblem gehabt hätte?

Nicht das ich wüsste. Er ist sogar bis ins hohe Alter kör-perlich und geistig sehr fit gewesen.

Er ist ein wundervolles Beispiel dafür, wie diese Wahrhei-ten Dein Leben beeinflussen. Vor allem auch da, wo Du es bewusst gar nicht wahrnimmst.

Vielleicht sollte unter diesem „Bratkartoffelversuch" besser stehen: „versuchen Sie dies nicht zuhause" ...

... denn es könnte tödlich für Sie enden.

21. Februar 2018

Wenn diese Wahrheiten, die wir so tagtäglich mit uns herumschleppen, eine solch große Bedeutung für unser Leben haben wie Du sagst, warum kümmert das die meisten Menschen so wenig? Ich meine, es müsste einem doch schneller auffallen, dass da ein gewisses Prinzip dahintersteckt.

*Tut es ja auch. Aber wie Du an Dir selbst vortrefflich beob-
achten kannst, hast Du jede Menge Übung darin, Deiner
Wahrheit den lieben langen Tag so gut als möglich aus dem
Wege zu gehen.*

Naja, aber absichtlich mache ich das bestimmt nicht.

Tust Du.

Okay, manchmal vielleicht. Ich muss sagen, es ist nach
einem anstrengenden Arbeitstag eben schwierig, sich
auch noch mit solchen Dingen zu beschäftigen.

*Irrtum. Dein Tag ist anstrengend, gerade weil Du Dich
nicht mit Deiner Wahrheit auseinandersetzt. Du bist der
Meinung, es kostet Dich Kraft, aber das Gegenteil ist der
Fall. Es bringt Dir welche, wenn Du es tust.*

Hast Du ein Beispiel für mich.

*Klar. Nehmen wir Deinen Tagesablauf. Du bist selbständig
und hast weitestgehend die Möglichkeit, Deine Arbeitsab-
läufe so zu arrangieren, dass es für Dich optimal ist. Dennoch tust Du es nicht oder nicht immer in dem Maße, wie
es gut für Dich wäre. Erinnerst Du Dich noch an Deinen
Selbstversuch?*

Oh ja. Ich hatte vor einiger Zeit mal versucht, meine
Tage nicht so akribisch zu planen, wie ich es aus den
Zeiten meiner „Businesskarriere" so kannte. Das bedeu-
tet, statt Sachen exakt nach einem starren Plan abzu-

arbeiten, begann ich den Tag damit, mir zu überlegen, welche Arbeit mir heute am meisten Spaß machen würde. Genau mit der habe ich dann begonnen und einfach losgearbeitet.

Und wie lief es?

Gut. Kurioserweise war das Erste, was sich in mir meldete, mein schlechtes Gewissen. Es kam in mir der Gedanke auf, dass man das so nicht machen kann. Ich meine, Arbeit ist doch nicht dazu da, um Spaß zu machen. Und ohne Plan zu arbeiten, heißt doch ineffizient zu arbeiten. Das geht doch nicht.

Erinnert Dich das an was?

Ja, da waren sie wieder die Fremdwahrheiten in mir, die mich ab und zu noch gut im Griff haben. Aber aus reiner Neugier, habe ich diese Gedanken einfach beiseite gelegt und bin diesmal weiter meinem Bauchgefühl gefolgt. Und das sagte mir „alles gut, mach weiter".

War Deine Arbeit an diesem Tag tatsächlich „ineffizient"?

Nein. Zu meiner Verwunderung war genau das Gegenteil der Fall. Ich konnte an mir beobachten, dass ich an diesem Tag mit einer ganz neuen Leichtigkeit an die Sachen heranging. Dank dieser unbeschwerten Art – im wahrsten Sinne des Wortes – lief alles wie am Schnürchen. Grob geschätzt, konnte ich an solch „planlosen" Tagen wesentlich mehr in viel kürzerer Zeit erledigen und war hinterher auch nicht so erschöpft, wie an „geplanten" Tagen.

Klingt logisch. Du hast also einfach das getan, was Dir spontan in den Sinn kam.

Ja, kannst Du vielleicht nochmal erläutern, was hinter diesem Effekt steckt?

Lust auf etwas zu haben, ist ein deutliches Zeichen dafür, dass Du auf der richtigen Spur bist. Dein Kopf steht Dir aufgrund der riesigen Fülle an Informationen und Wahrheiten, die ständig auf Dich einprasseln, oft mehr im Weg als er Dir von Nutzen sein kann. In diesem Falle springt Dein Bauchhirn – also Deine Intuition - ein und hilft Dir dabei, eine Entscheidung zu treffen die Deiner eigenen Wahrheit entspricht.

Das, was dann als schlechtes Gewissen in Dir aufkommt, sind unter anderem die Wahrheiten anderer, die Dir zum Beispiel suggerieren, dass Du ohne harte Arbeit keinen Erfolg haben kannst. Schließlich wird Dir im Leben nichts geschenkt und ohne Schaffen kein „Häuslebauen". All diese fremden Wahrheiten sind es, die plötzlich und unvermittelt Deine Wahrheit in Dir auf den Prüfstand stellen.

Genau. Es ist so als würde jemand hinter mir stehen und sagen „wie, Du hast Spaß an der Arbeit, dann machst Du sie wohl nicht gründlich genug".

Das ist auch der Grund, warum es Dir oft so schwerfällt,

die Dinge nach Deiner eigenen Fasson zu erledigen. Du setzt Dich dann selbst mehr unter Druck, als es eigentlich nötig wäre.

Tja, auch wenn ich schon lange aus diesem „alten System" ausgestiegen bin, ist das System manchmal offensichtlich noch in mir.

*Zurück zu unserem Beispiel. In dem Moment, in dem Du Dich für Deine Wahrheit entscheidest, es also **riskierst**, den Tag so zu gestalten, wie er für Dich selbst optimal ist, fangen die Dinge um Dich herum an zu laufen.*

Stimmt.

In Wahrheit hat sich auch hier wieder einmal nicht die Welt um Dich herum verändert, sondern Du Dich selbst. Du stehst zu Dir und Deinem Weg. Du hast Dich bewusst für diesen Abschnitt entschieden. In der Sekunde der Entscheidung dafür, fällt auch die sabotierende Wirkung der Fremdwahrheiten weg. Du nutzt gewissermaßen die Gunst der Stunde und erledigst intuitiv genau die Tätigkeit, die Deiner aktuellen Tagesenergie am meisten entspricht.

Und daher fällt mir das Ganze dann auch leichter. Ich muss mich nicht so abmühen mit der gewählten Arbeit, da ich genau in diesem Moment einfach Lust darauf habe. Ich stehe mir buchstäblich nicht mehr selbst im Weg, sondern kann meiner kreativen Entfaltung, in Bezug auf meine Tätigkeit, freien Lauf lassen.

*So ist es. Es beginnt zu fließen. Du schwimmst **mit** Deiner kreativen Energie und nicht **gegen** sie. Der Punkt ist einfach der, dass kein anderer erkennen kann, wann für Dich genau der beste Zeitpunkt gekommen ist, etwas Bestimmtes zu tun oder vielleicht auch nicht. Dein Bauchgefühl hingegen kann das ganz ausgezeichnet.*

Verstehe. Diese Art der Vorgehensweise nutzt also immer das bestmögliche Zeitfenster, das mir für eine Tätigkeit, die ich gerne erledigen möchte, zur Verfügung steht. Sie ist somit also auch wesentlich effizienter, als der herkömmliche, starr geplante Weg.

Na, das war doch ganz leicht, oder?

Vorausgesetzt, man hält das Schema durch. Die Seele ist willig, doch der Geist ist manchmal schwach.

Übung macht in diesem Falle den Meister. Verurteile Dich nicht selbst, sondern nutze einfach dieses Wissen so häufig Du kannst. Die Erfolgserlebnisse, die Du damit sammelst, werden Dir die Kraft geben, diesen Weg Schritt um Schritt weiterzuverfolgen.

Sofern man das kann. Schließlich kann sich nicht jeder seinen Tagesablauf frei planen. Als Angestellter hätte ich das sicherlich nicht gekonnt.

Auch da hast Du einen bestimmten Freiraum. Nutze ihn einfach und sieh was passiert. Außerdem kannst Du diese Vorgehensweise natürlich genauso im privaten an-

wenden. Es erspart Dir Frusterlebnisse und schafft mehr Zufriedenheit.

Vielleicht nochmal zurück zu meiner Ausgangsfrage. Warum fällt es mir und vielleicht auch anderen so schwer, hier auf Kurs zu bleiben? Ich meine, trotz der Tatsache, dass ich sehe, wie gut es mir tut, gerate ich dennoch oft wieder in dieses alte Fahrwasser.

Weil Du Dich zu häufig ablenken lässt. Die moderne Technik in Kombination mit der Angst, Wichtiges zu versäumen, bringt dies leider häufig so mit sich. Wo Du gehst und stehst, ist meist das Handy, Beschallung durch ein Radio oder Ablenkung durch den Fernseher nicht weit.

Wie, Du meinst die Technik ist schuld?

Nein. Die Möglichkeiten, sich abzulenken sind heute einfach wesentlich vielfältiger, als vor dreißig Jahren. Es ist somit nicht die Technik an sich, sondern Dein Umgang damit. Es ist wie mit vielen Dingen die im Überfluss vorhanden sind. Die Verlockung, sie ständig – auch ohne konkrete Notwendigkeit – zu nutzen, ist hoch.

Verstehe.

Hinzu kommt, dass es Überwindung und manchmal etwas Mut bedarf, sich mit den eigenen Gefühlen auseinanderzusetzen. Es ist gesellschaftlich nicht gerade angesagt, sich auch mal schlecht zu fühlen. Wer sich schlecht fühlt, hat wohl vorher einiges falsch gemacht. Und wer viel falsch macht ist ohnehin ein Verlierer, so die landläufige Meinung vieler. Zu dieser Gruppe will natürlich keiner gehören.

Dabei ist es für das eigene Wachstum wichtig, auch „schlechte" oder schmerzhafte Gefühle zuzulassen und zu ergründen. Sie sind ebenfalls Wegweiser zu Deiner eigenen Wahrheit. Daher neigen viele dazu, sie auf die eine oder andere Art und Weise zu betäuben.

Das heißt, es wäre manchmal sinnvoller, sich den eigenen Ängsten zu stellen, statt Dinge auf die lange Bank zu schieben?

***Du** wählst den Zeitpunkt. Auch hier gilt, dass das Timing entscheidend ist. Schließlich pflückst Du auch keine Äpfel, solange sie nicht reif genug sind.*

Und wenn ich es zu spät oder gar nicht tue?

*Du kannst Dich nicht **nicht** entscheiden. Auch keine Entscheidung ist eine Entscheidung!*

Ja, aber was passiert, sagen wir, wenn ich meinen Idealzeitpunkt verpasse?

*Dein **Umweg** wird eben etwas länger. Im schlimmsten Falle so lang und nervig, dass Du freiwillig dieses Thema angehst. Es wird eben mühevoller, aber nie unmöglich.*

Mit anderen Worten: Wenn meine innere Stimme laut genug wird, um das „Geschrei" der anderen zu übertönen.

Du hast es erfasst. Es lebt sich jedoch wesentlich angeneh-mer, wenn Du das „Geschrei" im Außen gar nicht erst so laut werden lässt.

Danke für den Tipp.

27. Februar 2018

Eine Frage beschäftigt mich heute. Kann sich meine Wahrheit im Laufe meines Lebens verändern? Ich meine, mit dem Alter denkt man anders über so manches. Anders, als ich es vielleicht in jungen Jahren getan habe. Also, ist doch in mir so etwas wie eine neue, reifere Wahrheit entstanden, richtig?

Lass uns hier kurz etwas klären, damit keine Missverständ-

nisse entstehen. Deine ganz persönliche Wahrheit an sich ist unveränderlich. Aber der Zugang, den Du zu ihr aufgrund der Erfahrungen Deines Lebens hast, verändert sich tatsächlich. In diesem Punkt gebe ich Dir recht.

Klingt kompliziert. Du sagst, meine Wahrheit bleibt immer dieselbe, auch wenn ich nach und nach neue Erfahrungen mache. Findet da keine Entwicklung statt?

Aber natürlich entwickelst Du Dich weiter. Genau dazu sind ja Erfahrungen da. Ich habe lediglich gesagt, dass sich Deine eigene, persönliche Wahrheit dabei nicht verändert.

Okay, ich sehe schon, das bedarf der Erläuterung.

Nehmen wir an, Deine persönliche Wahrheit wäre die, dass Du ein sehr sozialer Mensch bist, dessen Aufgabe im Leben es ist, anderen Menschen auf ihrem Weg zu helfen. In diesem Falle ändert sich Deine Wahrheit nicht durch Erfahrungen die Du machst. Sie bleibt was sie ist, Deine Wahrheit.

Kannst Du das bitte noch etwas konkretisieren?

Natürlich. Bleiben wir bei unserem sozialen Menschen von eben. Wenn dieser gegen sein Naturell lebt, also zum Beispiel einen Beruf ausübt, der nur rein technisch und ohne großen menschlichen Kontakt stattfindet, wird er früher oder später mit seiner eigenen Wahrheit konfrontiert werden. Sprich, er wird durch einen wie auch immer gearteten Schicksalsschlag daran erinnert, dass seine Wahrheit viel-

leicht doch eine andere ist als die, die er aktuell auslebt.

Du meinst er wird krank?

Sagen wir, er wird unzufrieden. Er fühlt sich nicht gut. Wenn er dann nicht reagiert, weil er zu sehr damit beschäftigt ist, den Wahrheiten anderer mehr glauben zu schenken, als seinen eigenen, wird diese Unzufriedenheit sicher chronisch. Das heißt, sie schlägt sich früher oder später auch auf der körperlichen Seite nieder. Aber das war ja gar nicht Deine Frage. Es ging um seine Wahrheit und ob Erkenntnisse oder äußere Einflüsse dazu führen könnten, dass sich seine Wahrheit verändert.

Ja, genau.

Sagen wir, unser sozialer Mensch wird derart von Unzufriedenheit geplagt, dass er beschließt, in seinem Leben etwas zu ändern. Er trifft zum Beispiel die Entscheidung, seine „soziale Ader" durch ein ehrenamtliches Engagement in seiner Freizeit zumindest teilweise auszuleben. Er macht dabei die Erfahrung, dass ihm dies richtig gut tut, es ihm einfach Spaß macht.

Und schwupps, hat er doch eine neue Version seiner Wahrheit.

Hat er das wirklich? Ist es nicht vielleicht viel mehr so, dass ihm diese neue Erfahrung einen besseren oder sagen wir tieferen Einblick in sein eigenes Wahrheitssystem gestattet?

Naja, das könnte natürlich auch sein.

Diese neue Erfahrung hilft ihm dabei herauszufinden, was genau seine Wahrheit in Bezug auf dieses soziale Thema ist. Je näher er seiner eigenen Wahrheit dabei kommt, desto besser wird sich das für ihn anfühlen.

Stimmt. Das hatten wir schon mal, als Du mir beschrieben hast, wie man sich seiner eigenen Wahrheit besser bewusst werden kann.

Gut beobachtet. Ich komme wieder auf Deine Ausgangsfrage zurück. Es ändert sich also nicht die Wahrheit dieses Menschen über seine Einstellung zum sozialen Miteinander. Diese Wahrheit bleibt fix. Was sich vielmehr ändert, ist die Möglichkeit, die sich ihm bietet, aus einer anderen Perspektive auf seine Wahrheit blicken zu können. Mit jeder Erfahrung, egal ob gut oder schlecht, trägt er, ähnlich wie ein Archäologe, Schicht um Schicht der Erde ab, die seine Wahrheit verschüttet hat. Du würdest in diesem Zusammenhang ja auch nicht davon sprechen, dass sich das Fundstück des Archäologen dadurch ändert, dass die Hintergründe über diesen Fund nach und nach besser erforscht und wissenschaftlich geklärt sind, oder?

Vermutlich nicht.

Durch eine andere Bewertung dieses Fundes, kann es lediglich sein, dass auch dem Fundstück eine höhere Bedeutung zukommt. Aber das Fundstück als solches bleibt hiervon natürlich unberührt.

Ein schöner Vergleich. Das heißt, meine Wahrheit oder die dieses sozialen Menschen bleibt immer gleich und ändert sich nicht?

So ist es. Warum sollte sie auch. Es geht ja in Deinem Leben gerade darum, diese Wahrheit auszuleben. Sie zu erfahren. Sie ändert sich nicht dadurch, dass Du versuchst, sie durch eine andere Wahrheit zu überlagern. Was sich aber sehr wohl ändert, ist Deine Position und damit Dein Blickwinkel auf Deine Wahrheit.

Wie heißt es so schön: Die Wahrheit des Menschen ist unantastbar. Oder so ähnlich ...

Eine sehr freie Interpretation des Grundgesetzes, aber im Grunde gebe ich Dir recht. Erinnerst Du Dich noch an den Anfang unseres Gesprächs, als ich Dir sagte, die Wahrheiten der anderen sind nicht in Dir, sondern „um Dich herum"?

Ja, ich erinnere mich.

Eine fremde Wahrheit kann nicht in Dir sein, weil sie nicht Deine ist. Sie kann Deine Wahrheit auch nicht ansatzweise verändern, weil Deine Wahrheit unveränderlich ist. Verstehst Du, was ich damit sagen möchte?

Worauf willst Du hinaus?

Wenn Deine Wahrheit unabänderlich für Dich ist, so kann sie auch kein anderer dadurch verändern, dass er versucht Dir seine oder irgendeine andere Wahrheit als die „einzig wahre" zu verkaufen.

Und das bedeutet?

Das bedeutet, dass auch kein anderer Mensch die Möglichkeit hat, Dir Deine eigenen Erfahrungen in irgendeiner Weise vorzuenthalten, solange Du bei Deiner Wahrheit bleibst. Ist Dir klar, welche wichtige Bedeutung diese Erkenntnis für Dein Leben hat?

Mir dämmert's langsam. Du meinst damit, dass dies die Grundlage meiner persönlichen Autonomie oder besser gesagt, tatsächlich meiner „Unantastbarkeit" ist.

Genau das will ich damit sagen. Wenn Du Deine Wahrheit erkennst und auch nach dieser lebst, kannst Du immer auch die Erfahrungen machen, die Du willst. Du bist nicht mehr länger darauf angewiesen, Dinge ausprobieren zu müssen, die der Wahrheit anderer entsprungen sind und mit Dir rein gar nichts zu tun haben.

Mit anderen Worten ...

Ich bin in Wahrheit ich!

Genau der bist Du. Du bist das Produkt Deiner Wahrheit. Schon immer gewesen und Du wirst es auch immer sein.

Stopp, warte einen Augenblick. Ich muss das erst einmal sacken lassen. Das bedeutet tatsächlich, dass ich mein Leben in jeder Situation selbst in der Hand habe. Dass ich mit dem, was ich als meine Wahrheit anerkenne, auch den daraus resultierenden Menschen „erschaffe". Und dieser Mensch bin ich.

So ist es.

Meine eigene Wahrheit ist also so etwas wie ein roter Faden, der sich durch mein ganzes Leben zieht. Ein Faden an dem ich mich orientieren kann, wenn es sein muss. Zum Beispiel, weil ich mich von anderen habe ablenken lassen. Er hilft mir, zu mir zurückzufinden.

Und das wiederum bedeutet, dass Du nicht von dem abhängig bist, was andere sagen, meinen oder tun. Du bist Du und für Dich ist nur Deine eigene, tiefe, innere Wahrheit wirklich verbindlich. Vergiss das bitte nicht.

Ich werde mich bemühen.

Über den Autor

Der gebürtige Coburger, Jahrgang 1972, lebt und arbeitet als Autor, Natur-Coach und psychologischer Berater in seiner Heimatstadt Coburg, ganz im Norden Bayerns. Nach dem Studium der Wirtschaftsinformatik und der langjähri-  gen Tätigkeit als IT- und Internetfachmann, begann er bereits vor mehr als 12 Jahren, sich aufgrund eigener gesundheitlicher Probleme mit alternativen Behandlungsmethoden für stress- und angstbedingte Erkrankungen auseinanderzusetzen. Zahlreiche Ausbildungen hierzu folgten.

Dirk Stegner bietet auch regelmäßig Vorträge, Workshops und Seminare zu seinen Buchthemen an. Weitere Informationen zu aktuellen Terminen erhalten Sie hier:

www.der-natur-coach.de
info@der-natur-coach.de

Natur-Coaching: Eigene Wege aus Stress, Angst und Burnout finden, gebundene Ausgabe, 6. Februar 2017

Printausgabe (ISBN 978-3-7431-8029-1)
E-Book (ISBN 978-3-7431-4779-9)

Im Buchhandel erhältlich.